Priscilla Prutzman, Lee Stern
M. Leonard Burger, Gretchen Bodenhamer

Das freundliche Klassenzimmer

Gewaltlose Konfliktlösungen
im Schulalltag

Kreative Lebensgestaltung und Problemlösungen für Kinder
Ein Handbuch

Verlag Weber, Zucht & Co

Die Deutsche Bibliothek – CIP-Einheitsaufnahme

Das freundliche Klassenzimmer : gewaltlose Konfliktlösungen
im Schulalltag ; kreative Lebensgestaltung und
Problemlösungen für Kinder ; ein Handbuch / Priscilla
Prutzman ... [Übers. und Überarb.: Helga Weber und Milan]. –
Kassel : Weber, Zucht, 1996
    Einheitssacht.. The friendly classroom for a small planet <dt.>
    ISBN 3-88713-046-4
NE: Prutzman, Priscilla; Weber, Helga [Bearb.]; EST

Titel des US-amerikanischen Originals:
„The Friendly Classroom for a Small Planet"
– A Handbook on Creative Approaches to
Living and Problem Solving for Children –

© 1996 Weber & Zucht Versandbuchhandlung & Verlag GmbH
Steinbruchweg 14a, D-34123 Kassel
2. Auflage 1999
Übersetzung und Überarbeitung: Helga Weber und *Milan*
Illustrationen: Dana McMurray
Umschlag: dem von Barbara Hirshkowitz gestalteten Originalumschlag
nachempfunden
Druck: Druckwerkstatt Bräuning + Rudert, Espenau
ISBN 3-88713-046-4

„Auf den ersten Blick könnte es scheinen, als biete die Erziehung den Schlüssel zum gesellschaftlichen Fortschritt, da eine bessere Erziehung alle anderen Reformen unzweifelhaft erleichtern würde. In Wirklichkeit aber sind die meisten Übel der jetzigen Erziehung unmittelbare Folgen der anderen Übel, unter denen die industrielle Kultur leidet, und sie können nicht von Grund auf beseitigt werden, solange unser wirtschaftliches System sich nicht geändert hat. ..... Es gibt keine Schlüsselstellung, mit deren Eroberung alles getan wäre, wenn man eine Gesellschaft anstrebt, die weniger auf Konkurrenz beruht und weniger ungerecht ist; vielmehr gibt es eine Anzahl von miteinander verbundenen Stellungen, die gleichzeitig angegriffen werden müssen, da jedes Vorrücken an einer Stelle zu einem entsprechenden Vorrücken an allen anderen führt."

Bertrand Russell

„Als das Neue Bildungsprogramm (gemeint ist *Basic Education,* das unter Gandhi entwickelte Bildungsprogramm für die indischen Dörfer, d. Übers.) ins Leben gerufen wurde, war ich voller Selbstsicherheit, die mir jedoch jetzt fehlt. Meine Worte hatten Kraft, die ihnen genommen scheint. ... Doch ich habe nicht das Vertrauen in die Gewaltlosigkeit verloren. Dieses Vertrauen brennt heller als je zuvor. Aber ich habe für den Moment meine Selbstsicherheit verloren. Deshalb fordere ich Sie auf, nicht alle meine Äußerungen blindlings zu akzeptieren. Akzeptieren Sie nur das, was Ihnen überzeugend erscheint. Aber ich bin sicher, daß wenn wir auch nur in zwei Schulen die richtige Linie praktizieren könnten, würde ich vor Freude tanzen."

Mahatma Gandhi

Inhalt

Eine kreative Antwort – Der Herausforderung der Gewalt begegnen

In diesem Kapitel werden die Philosophie des *Konzeptes für Kreativen Umgang der Kinder mit Konflikten* (KUK-Konzept), die behandelten Themen und die Fähigkeiten und Kenntnisse, die damit gefördert werden sollen, vorgestellt. Es schließt eine Einführung in folgende Themen ein: Kooperation, Kommunikation, Stärkung des Selbstwertgefühles und Konfliktlösung.

Eine Idee wächst – Die Wurzeln der Gewalt

Dieses Kapitel gibt einen kurzen Überblick über die Geschichte des Projekts. Des weiteren geht es um Themen wie: zu den Wurzeln der Gewalt vordringen; die Wichtigkeit, erlernte Fähigkeiten in den Alltag zu integrieren; eine vertrauensvolle Atmosphäre schaffen.

Planung und Vorbereitung – Einige Vorbemerkungen

Hier wird gezeigt, wie wichtig eine kooperative Umgebung ist; drei verschiedene Arbeitsansätze werden vorgestellt: workshops, Integration in die täglichen Aktivitäten im Schulalltag und Integration von Themen und Aktivitäten in den Lehrplan. Es werden Wege vorgeschlagen, wie die Bedürfnisse der Klasse erkannt werden können und Anregungen zur Planung eines workshops (mit Planungsbeispiel) gegeben.

Auf Los geht's los – Zur Rolle der ModeratorInnen

In diesem Kapitel werden kurz zwei Grundregeln für alle Aktivitäten sowie einige Techniken und konzeptionelle Hinweise für Moderatorinnen und Moderatoren aufgeführt, darunter auch Beispiele, wie eine Arbeitseinheit begonnen und beendet werden kann. Außerdem werden wertvolle Anregungen für die Arbeit in Kleingruppen gegeben.

Integration als Herausforderung
– Die Weiterentwicklung des workshop-Ansatzes –

Dieses Kapitel gibt Beispiele, wie Lehrerinnen und Lehrer aus den USA die Übungen und Spiele sowohl in ihren Unterricht als auch in den Lehrplan an ihrer Schule integriert haben.

Wir basteln Musikinstrumente
— Stärkung des Selbstvertrauens für alle —

Dieses Kapitel zeigt, wie Kinder verschiedene Musikinstrumente aus einfachen und preiswerten Materialien selbst herstellen können.

Manchmal können alle gewinnen
— Kreative Konfliktlösungen —

Oft denken wir, daß es bei Konflikten nur mit Siegen oder Verlieren enden kann. Die hier beschriebenen Aktivitäten helfen Kindern zu erkennen, daß es viele Möglichkeiten gibt, Konflikte zu lösen, und daß wir oft eine Lösung finden können, bei der beide Seiten gewinnen. Rollenspiele, Puppenspiel und Übungen zur Entscheidungsfindung sind einige der vielen vorgestellten Aktivitäten zur Konfliktlösung.

Aber wie lösen wir das Problem?
— Einige Konfliktszenarien —

Dieses Kapitel enthält Beispiele von Konflikten, wie sie bei allen Kindern, in der Schule, zu Hause oder sonstwo, vorkommen: Konflikte unter Kindern, zwischen Lehrern und Kindern, zwischen Eltern und Kindern sowie unter Erwachsenen. Die hier aufgeführten Beispiele sollen helfen, eigene Szenarien für Sketche, Puppen- und Rollenspiele und zur Konfliktlösung zu entwickeln.

Versteht mich denn niemand?
— Die Notwendigkeit, Gefühle mitzuteilen und Vertrauen zu entwickeln —

Die hier aufgeführten Aktivitäten helfen, innerhalb einer Gruppe ein Bewußtsein zu entwickeln, durch welches Kommunikation und gegenseitige Unterstützung gefördert werden. Wenn Kinder offen ihre Gefühle mitteilen, ist auch die Basis für eine kreative Konfliktlösung vorhanden. Dieses Kapitel enthält Übungen zum Austausch von Gedanken, Eindrücken und Gefühlen, Vertrauensspiele und andere Aktivitäten, die den Kindern helfen zu erkennen, welche Rollen sie spielen und wie es ist, ausgeschlossen zu sein.

Wie ist's gelaufen?
— Ideen für die Auswertung —

Aktivitäten zur Auswertung und Beurteilung helfen den Kindern, sich zur Gruppe zugehörig zu fühlen. Außerdem sind solche Aktivitäten für Lehrerinnen oder Diskussionshelferinnen bei der Planung zukünftiger Arbeitseinheiten hilfreich, um die Bedürfnisse der Teilnehmenden noch besser zu berücksichtigen.

Kapitel 17

Nicht nur für den Schulalltag
– Ausweitung unserer Fähigkeiten,
um größeren Anforderungen gerecht zu werden –

Dieses Kapitel vermittelt, wie die Ideen des Konzeptes für Kreativen Umgang der Kinder mit Konflikten verändert und für unterschiedliche Situationen neu entwickelt wurden; wie z.B. für jüngere Kinder, Hochschulstudenten, seelisch gestörte Kinder.

Kapitel 18

Projekt „Alternativen zur Gewalt"
– Workshops für Gefängnisse und
Nachbarschaftsgruppen in den USA und hier –

In Fortsetzung zu Kapitel 17 wird hier über Entstehung und mögliche Anwendungsbereiche des mit dem KUK-Konzept eng verwandten Projektes „Alternativen zur Gewalt" (PAG) informiert. Ein Zeitungsbericht zitiert u.a. die Erfahrungen Gefangener der Arthur-Kill-Vollzugsanstalt auf Staten-Island mit den PAG-Techniken und schildert ihre Hoffnungen, mit ihrer Hilfe aus dem Gewaltkreislauf herauszukommen. – Im Anschluß wird auf die auch in Deutschland mit diesem Programm begonnene Arbeit in Gefängnissen hingewiesen.

Vorwort zur deutschen Ausgabe

„Das freundliche Klassenzimmer" enthält eines der ersten Konzepte aus den USA, das konstruktive Konfliktlösung in der Schule einführte und gilt mittlerweile als Klassiker auf diesem Gebiet, auch in Deutschland.

Während „Gewalt in der Schule" lange ein Tabuthema war und Konflikte totgeschwiegen wurden, sind diese Probleme in den letzten Jahren weit über die Kreise betroffener Kinder, Eltern, Lehrerinnen und Lehrer hinaus in das öffentliche Bewußtsein gerückt. Die Diskussion blieb jedoch weitgehend bei unzureichenden Analysen, bei Schuldzuweisungen oder düsteren Prognosen hängen, z.B. über die „Amerikanisierung deutscher Verhältnisse", und ist eher von Ratlosigkeit als von Lösungsansätzen geprägt.

Aber aus den USA – wo es eine lange leidvolle Erfahrung mit Gewalt in der Schule gibt – kommen auch Konzepte, wie dieser Gewalt begegnet werden kann. Eines davon ist das von Quäkerinnen und Quäkern entwickelte „CCRC-Programm – Children's Creative Response to Conflict", das hier als *„Konzept für kreativen Umgang der Kinder mit Konflikten"* kurz „KUK-Konzept" eingeführt wird. Die Erfahrungen aus über 20 Jahren Experimentieren zeigen, daß sich sowohl Erwachsene wie Kinder und Jugendliche die Fähigkeiten tatsächlich aneignen können, die zur konstruktiven Lösung von Konflikten erforderlich sind.

Die Möglichkeit, Lehrerinnen und Lehrern Handwerkszeug zu erschließen, mit dem Kinder befähigt werden können, Konflikten selbst vorzubeugen bzw. sie konstruktiv zu lösen und damit Gewalt zu mindern, veranlaßte die „Fördergemeinschaft Friedensarbeit & Gewaltlosigkeit" in Köln, „Das freundliche Klassenzimmer" wegen seiner ermutigenden Ansätze übersetzen zu lassen und für die Arbeit an hiesigen Schulen verfügbar zu machen, zumal es bislang keine explizite pädagogische Ausbildung im konstruktiven Umgang mit Gewalt gibt und die Thematisierung des Problems im Unterricht noch relativ am Anfang steht.

Um sich Gewißheit über die Anwendbarkeit im deutschen Kontext zu verschaffen, veranlaßte sie die Verteilung des Vorabdruckes an etwa 100 Lehrerinnen und Lehrer. Wenn diese Zahl auch nicht groß und die Testphase mit knapp neun Monaten Dauer recht kurz waren, so führte die Erprobung doch zu überraschenden Ergebnissen.

Obwohl einige Lehrerinnen berichteten, daß die Kinder sehr langsam an diese Methoden herangeführt werden mußten, erwähnten andere ausdrücklich, daß sie in ihrer Klasse begeistert aufgenommen wurden; daß Mädchen positiver reagierten als Jungen (vielleicht weil die Methoden bewußt die Rolle von Mädchen in der Klasse stärken); daß Vertrauen und Hilfsbereitschaft gewachsen seien; daß Konflikte nicht immer ideal gelöst, aber aushaltbar wurden.

Die Vermutung, daß das Buch „zu amerikanisch" und nicht für deutsche Schulverhältnisse mit ihren viel stärker reglementierten Stundenplänen geeignet sei, wurde durch die Befragung nicht bestätigt. Dies hat zusammen mit der starken Nachfrage und den vielen Ermutigungen und Anregungen ganz wesentlich zur Entscheidung für eine deutsche Veröffentlichung beigetragen.

Einige Anregungen wurden aufgegriffen und im Anhang durch Literaturhinweise zum Thema und zur Gewaltlosigkeit realisiert. Die Wünsche, auf gesellschaftliche Ursachen von Gewaltpotentialen und struktureller Gewalt einzugehen, die Anbindung an die Gewaltlosigkeit deutlicher hervorzuheben sowie Hintergründe zu beleuchten, warum bereits Kinder in bestimmten Situationen mit Gewalt reagieren, wurden jedoch nicht berücksichtigt, um den Charakter des Buches nicht zu verändern. Beibehalten wurden auch die Illustrationen der Originalausgabe, weil das Miteinander von Kindern aus vielen Teilen der Welt zunehmend dem Bild in deutschen Schulen entspricht und die Herausforderung des Buches noch unterstreicht.

Erste interessante Erfahrungen mit dem *Konzept für kreativen Umgang der Kinder mit Konflikten* sind also gemacht: Seit etwa zehn Jahren wird von engagierten Lehrerinnen und Lehrern mit dem Original „The Friendly Classroom for a Small Planet", seit 1992 mit dem Vorabdruck der Übersetzung sowie seit längerem mit ähnlichen Materialien an hiesigen Schulen, Kindergärten und in der Erwachsenenbildung gearbeitet.

Getragen wurde dies durch das Engagement Einzelner (auch in Österreich und Slowenien) und durch Initiativen in Berlin, Bielefeld, Köln, Minden und Neuwied, die bewußt mit dem KUK-Konzept auf Schulen zugingen und dort mit Pädagogen und Kindern an Konfliktlösungsmöglichkeiten arbeiten konnten. Dazu gehören das „Bildungswerk UMBRUCH für gewaltfreie Veränderung", das „Kölner Trainingskollektiv für gewaltfreie Aktion und kreative Konfliktlösung" sowie der „Bund für Soziale Verteidigung" in Minden. Adressen zum Erfahrungsaustausch mit ihnen und weiteren Gruppierungen sind im Anhang angegeben.

Diese Initiativen versuchen u.a., die in den USA entwickelten Methoden im Rahmen des deutschen Schulalltags anzuwenden. Ihre Erfahrungen und die Ergebnisse der Erprobungsphase zeigen, auch da, wo manche Übungen vielleicht gar nicht oder nicht auf Anhieb „klappen" mögen, daß sich diese Methoden besonders gut für Kinder im Grundschulalter eignen, aber auch darüber hinaus für die Jahrgänge 5 - 7 anwendbar sind und daß es ohne weiteres möglich war, Inhalte aus dem Buch in den regulären Schulalltag einzubauen.

Für Lehrerinnen und Lehrer muß nicht betont werden, daß sich die Chancen solcher Methoden durch ein didaktisches Gesamtkonzept noch erhöhen würden, auch wenn es keine Zaubermittel sind, die das Klima in einer Klasse von heute auf morgen verändern könnten. Doch die Übungen wirken auch einzeln genutzt förderlich auf Vertrauensbildung, Kooperations- und Konfliktfähigkeit, Gewaltabbau und die Stabilisierung des Selbstwertgefühls der Kinder. Sie behalten ihren Wert, wie auch die Autorinnen betonen, ob das Buch nun von Anfang bis Ende entsprechend seinem inhaltlichen Aufbau durchgearbeitet oder „nur" in Anpassung an die jeweilige Situation als Spielesammlung eingesetzt wird.

Mit dieser Veröffentlichung verbindet sich die Hoffnung, daß „Das freundliche Klassenzimmer" mit seinem ermutigenden *Konzept für Kreativen Umgang der Kinder mit Konflikten* nicht nur auf Neugier stößt, sondern daß es vielerorts im inner- und außerschulischen Alltag und der pädagogischen Ausbildung aufgegriffen wird und dazu beiträgt, die Ratlosigkeit bei der Diskussion über Gewalt in der Schule zu beenden. Vor allem aber wird die Herausgabe von dem Wunsch getragen, daß es das KUK-Konzept auch hier Erwachsenen wie Kindern und Jugendlichen ermöglicht, sich die vielfältigen Fähigkeiten anzueignen, die zur konstruktiven Lösung von Konflikten erforderlich sind.

Christine Schweitzer & Helga Weber

Wir danken

allen Lehrerinnen, Lehrern, Kindergärtnerinnen und Erwachsenen-Pädagogen, die bereit waren, das *Konzept für kreativen Umgang der Kinder mit Konflikten* zur Erprobung und zum Erfahrungsaustausch in ihren Alltag einzubeziehen sowie dem Bildungswerk UMBRUCH und dem Kölner Trainingskollektiv, die u.a. das KUK-Konzept für ihr Pilotprojekt „Konstruktive Konfliktlösung in der Schule" aufgriffen. Sehr hilfreich waren die ergänzenden Einschätzungen von Ulf Blanke, Breda Kroflic, Sabine Schulz, Jamie Walker und Werner Wintersteiner, die seit vielen Jahren mit diesem pädagogischen Ansatz arbeiten.

Unser Dank geht besonders an Christine Schweitzer für die engagierte Betreuung der Erprobungsphase sowie an Monika Jostes, Robin Kendon, *Milan*, Helga und Konrad Tempel, Reinhard Treu und Jamie Walker für die freundschaftliche Hilfe bei redaktionellen Entscheidungen, bei Geldbeschaffung und Beseitigung letzter Übersetzungszweifel, für Anregungen bei Literaturangaben und Kontaktadressen; an Bernd Messmer, der die Übersetzung ins passende Satzprogramm konvertierte sowie an Andrea Löther für viele sorgfältige Korrekturlesungen.

Der Fördergemeinschaft Friedensarbeit & Gewaltlosigkeit danken wir ganz besonders für die Durchführung der Erprobungsphase, deren Ergebnisse den Entschluß zur Veröffentlichung prägten und für ihre finanzielle Mitwirkung; ebenfalls der Stiftung Gewaltfreies Leben in Königsfeld, die einen Teil der Auflage für ihre Arbeit im Bereich Friedenskultur und Schule übernommen hat.

Mit großer Freude danken wir auch dem Verlag „New Society Publishers" in Philadelphia, USA, daß dieses Buch bei uns erscheinen kann. Schon seit den 70ern besteht durch ihre Schriften zur gewaltlosen Aktion, zum Training, zur Selbstverwaltung & Ökologie enger Kontakt zu hiesigen Gruppen. Der Verlag arbeitet in Selbstverwaltung, für eine umfassende Gesellschaftsveränderung durch gewaltlose Aktion und produziert dafür und zur Unterstützung Sozialer Bewegungen in aller Welt eine Vielzahl attraktiver Materialien.

Doch dieses Buch wäre nicht erschienen ohne die vielen Frauen und Männer, Kinder und Jugendlichen sowie Organisationen und Gruppen, die mit den Autorinnen und Autoren über fast 20 Jahre hin an der Erprobung kreativer Konfliktlösungen beteiligt waren ! – Ihrem Elan, ihrer Begeisterungsfähigkeit und ihren Erkenntnissen ist letztlich „Das freundliche Klassenzimmer" zu verdanken.

Helga Weber für den Verlag

Aus der Einführung zur amerikanischen Ausgabe

Wie können wir die Muster feindseliger & gewalttätiger Reaktionen verändern, wenn die Grundlagen von Konflikten schon in sehr jungen Jahren von anderen übernommen werden ?

Fünf Ausgaben des „Freundlichen Klassenzimmers" gab es bereits und immer waren die Reaktionen ausgesprochen erfreulich. Aus begeisterten Kommentaren wissen wir, daß Menschen aus aller Welt das Buch zu einem Teil ihrer pädagogischen Abenteuer machten, es ganz oder teilweise in verschiedene Sprachen übersetzten und daß außer in den USA auch in Europa und auf den Philippinen workshops für Lehrerinnen und Lehrer stattfanden und in verschiedenen Ländern das *Konzept für Kreativen Umgang der Kinder mit Konflikten* (KUK-Konzept) Anlaß für Diplomarbeiten wurde. In den USA ist das Arbeiten mit dem KUK-Konzept zu einem festen Bestandteil in immer mehr Schulen geworden. Der Erfolg dieses Buches ist weitgehend darauf zurückzuführen, daß jede Übung und jedes Spiel über Jahre hinweg ausprobiert und ggf. verändert oder sogar gestrichen worden ist, je nachdem, wie die Kinder darauf reagiert haben.

Infolge des wachsenden Interesses auf diesem Gebiet sind in Anlehnung an die hier vorgestellten Ideen mehrere Bücher erschienen und verschiedene Lehrpläne auf der Grundlage unserer Arbeit entwickelt worden. Wir haben dem Druck allerdings widerstanden, aus dem KUK-Konzept einen standardisierten Lehrplan zu machen, weil es wichtig ist (mehr dazu im Kapitel „Planung und Vorbereitung"), die Arbeitsmaterialien auf die Bedürfnisse und Umstände der jeweiligen Klasse oder Gruppe abzustimmen. Uns ist bewußt, daß das eine gute Beobachtung und Beurteilung der Dynamik und der Bedürfnisse der Klasse durch die Lehrerinnen und Lehrer erfordert. Ebenso wissen wir um die vielen Anforderungen und Grenzen, denen letztere unterworfen sind und die ihre Möglichkeiten begrenzen und viel Kraft kosten.

Aber wenn auf die Bedürfnisse der Kinder eingegangen wird, werden Lehrerinnen und Lehrer einer neuen Form von Gemeinschaft in der Klasse begegnen, die die Atmosphäre auflockert, die Vermittlung von kognitiven Fähigkeiten unterstützt und einen neuen Geist von Spaß und Abenteuer schafft.

Während vieler Jahre der Beteiligung an gewaltfreien Trainings in den verschiedensten Krisen und potentiell gewalttätigen Situationen wurde den Mitarbeitern des *Quäker-Projektes über Nachbarschaftskonflikte* (Initiatorinnen des KUK-Konzeptes) zunehmend bewußt, daß die Grundlage von Konflikten schon in sehr jungen Jahren gelegt werden und zwar in Mustern von feindseligen oder gewalttätigen Reaktionen auf Alltagssituationen, die Kinder von Erwachsenen, älteren Kindern oder Gleichaltrigen übernehmen. Und wir haben ebenfalls gesehen, daß Lehrerinnen, Lehrer und Erzieherinnen nicht mit den entsprechenden Methoden und Werkzeugen ausgerüstet sind, um diese Muster zu verändern.

11

Kreativer Umgang mit Konflikten – Ziele des Konzeptes

Im Jahre 1972 begannen die Leute vom *Quäker-Projekt über Nachbarschafts-konflikte* in Philadelphia, ihr Handwerkszeug, ihre Methoden und Fertigkeiten, die sie für Konfliktlösungen entwickelt hatten, zu überarbeiten, um sie auch bei Kindern im Grundschulalter anwenden zu können, bevor sich negative Verhaltensmuster festsetzen. Das Projekt tat das in dem Bewußtsein, daß die umfassenden Konflikte in unserer Gesellschaft und in der Welt solange unsere Zivilisation bedrohen werden, bis wir gelernt haben, mit unseren persönlichen und gesellschaftlichen Problemen konstruktiv und kreativ umzugehen. Mit dem Konzept für *Kreativen Umgang der Kinder mit Konflikten* (KUK-Konzept) hoffen wir, das Verhalten der Kinder in Konfliktsituationen grundlegend zu verändern, indem wir sie daran beteiligen, kreative neue Herangehensweisen zu entwickeln.

Die in diesem Buch beschriebenen workshops umfassen ein breiteres Spektrum als nur Konfliktlösungsmöglichkeiten. Es wurde schnell klar, daß Kinder – und auch Erwachsene – lernen müssen, ihre eigenen Gefühle und die von anderen zu verstehen, um kreative Konfliktlösungen entwickeln zu können. Ihnen muß bewußt werden, daß es für die Lösung von Problemen vorteilhafter ist, zusammen statt gegeneinander zu arbeiten. Von daher machen Übungen zur Kooperation und Gruppenbildung einen beträchtlichen Teil dieses Handbuchs aus und gehen fast immer den Übungen zur Konfliktlösung voraus. Sie sind Teil unserer Anstrengung, den Kindern in unseren Schulen eine angemessene und menschliche „Lebenshilfe" zur Verfügung zu stellen.

Unser besonderes Konzept hat für die Arbeit in der Klasse oder Gruppe drei Hauptziele:

1. die Entwicklung einer Gemeinschaft zu fördern, in der die Kinder das Verlangen nach offener Kommunikation haben sowie die dafür nötigen Fähigkeiten erwerben;
2. Kindern zu helfen, einen Einblick in die Natur menschlicher Gefühle zu erlangen und ihre eigenen Gefühle mitteilen zu können; sowie
3. mit Kindern zusammen ihre einmaligen persönlichen Möglichkeiten zu erforschen, mit denen sie auf Probleme reagieren können und beginnen können, Konflikten vorzubeugen oder sie zu lösen.

Als Trainerinnen und Trainer wissen wir, daß es größte Bescheidenheit erfordert, in das Leben eines Kindes einbezogen zu sein. Konfliktlösungen erfordern ein großes Maß an sorgfältiger Reflexion, da sich negative Untertöne oft dort einstellen, wo Gewalt unterdrückt wird. In der Tat ist ja ein gewisses Maß an Aggression und Wut wünschenswert. Das Ziel unserer Arbeit an Konflikten ist nicht, sie zu eliminieren, sondern Kinder zu befähigen, in kreativer Weise damit umzugehen und sie in konstruktive Kanäle zu leiten.

Wie dieses Buch genutzt werden kann

Es ist die Hoffnung der Autorinnen und Autoren, daß dieses Buch als Handreichung für kreative Experimente im Unterricht genutzt wird. Erziehende werden wissen, daß eine affirmative und kooperative Atmosphäre in einem „freundlichen" Klassenzimmer Spannungen und Probleme der Disziplin in signifikanter Weise reduzieren kann, besonders wenn Spiele und Übungen hinzukommen, die sowohl Spaß machen als auch wertvolle Techniken der Zuwendung in der Erziehung beinhalten. Solch eine Atmosphäre in der Klasse kann die Lernfähigkeit der Kinder und die Fähigkeit der Lehrer, effektiv und kreativ zu lehren, fördern. Allerdings ist dies ein Prozeß, der Zeit, Geduld und sorgfältiges Planen erforderlich macht. Der Lohn wird in kleinen Schritten bestehen, bei denen ein Kind — manchmal völlig unerwartet – zeigt, daß es diese Ideen nicht nur verstanden hat, sondern daß es sie tatsächlich zu einem Teil seiner inneren Kraftquellen macht.

Ein Wort zur Struktur dieses Buches. Die Kapitel 6 bis 16 enthalten eine Art Führung durch das, was wir „Werkzeuge und Techniken" genannt haben. Hier können Sie die besonderen Spiele, Übungen und anderen Werkzeuge finden, die das Herz des *Konzeptes für Kreativen Umgang der Kinder mit Konflikten* ausmachen. Obgleich sie in einer natürlichen Reihenfolge angeordnet sind, indem jedes Kapitel ein geschlossenes Thema oder Aspekte davon behandelt, gibt es bei diesen Techniken viele Überschneidungen der Themen, so daß Sie die Kapitel auch in völlig anderer Reihenfolge benutzen können.

Im Anhang finden Sie reichhaltiges Material für den Gebrauch im Schulalltag, in anderen Gruppen oder für Ihre persönliche Weiterentwicklung des KUK-Konzeptes und verwandter Ideen. Die Kapitel 17 und 18 zeigen, wie diese Ideen weit über den Schulalltag hinaus anwendbar sind.

Wenn Sie dieses Buch in Ihrer Klasse oder Gruppe benutzen, werden Sie wahrscheinlich eigene Variationen und Ergänzungen entwickeln. Viele werden von den Kindern selber kommen. Autoren und Autorinnen erheben keinen Anspruch, Urheber der Ideen dieses Buches zu sein, die vielmehr aus vielen Quellen stammen. Die Verfahrensweise vom *Kreativen Umgang der Kinder mit Konflikten* gehört allen, die sie anwenden. Nutzen Sie deshalb den Erfahrungsaustausch mit anderen, sobald Sie begonnen haben, mit dem Buch zu arbeiten.

Die Kapitel 3, 4 und 5, in denen das Planen behandelt wird, sollten sorgfältig gelesen werden. Die Anwendung der Werkzeuge und Techniken wird sich so noch effektiver und erfolgreicher gestalten lassen.

Die Autorinnen und Autoren

Geleitwort zur amerikanischen Ausgabe

Kreativer Umgang mit Konflikten ist erlernbar

Albert Einstein sagte einmal, daß sich mit Anbruch des Atomzeitalters alles verändert habe – mit Ausnahme der Denkweise der Menschen. Mit dieser Aussage wies er auf die Notwendigkeit hin, Konflikten auf eine neue und weniger destruktive Art und Weise zu begegnen. Konflikte treten in vielen verschiedenen Formen auf. Egal, ob es sich um globale Kontroversen zwischen den Supermächten handelt, um taktische Differenzen von Geschäftsleuten oder um Streitereien zwischen Kindern – sie können sich entweder konstruktiv oder destruktiv abspielen. Je nachdem, wie damit umgegangen wird, können sie zu einer lebendigen Kontroverse oder zu einem tödlichen Streit führen.

Konflikte gibt es in unseren Schulen zur Genüge und nur allzu oft haben sie zerstörerische Auswirkungen. Viele Schülerinnen und Schüler entwickeln nie die Haltung oder Fähigkeit, die es ihnen ermöglichen würde, mit den Konflikten, denen sie im Laufe ihres Lebens begegnen, konstruktiv umzugehen. Vieles von ihrem Wissen über den Umgang mit Konflikten ist rein zufällig und in Zusammenhängen (Fernsehen, Kino, Video) erworben, die destruktive Methoden betonen.

Wenn Schülerinnen und Schüler systematisch Unterricht darin erhielten, wie Konflikte konstruktiv bewältigt werden können, wären sie weniger anfällig gegenüber emotionalen Störungen, Selbstmord, Gewalttätigkeiten oder anderem gemeinschaftsschädigendem Verhalten. Außerdem müssen wir sie auch darauf vorbereiten, konstruktiv mit den Konflikten umzugehen, die unweigerlich im Atomzeitalter zwischen Nationen entstehen.

Das freundliche Klassenzimmer ist mit seinen nützlichen Techniken, Spielen und Aktivitäten ein hervorragendes Werkzeug und bietet eine wertvolle Orientierungshilfe für alle Menschen, die eine Atmosphäre schaffen möchten, in der Kinder und Jugendliche befähigt werden, sowohl ein gesundes Selbstwertgefühl als auch eine gute Gemeinschaft zu entwickeln und Fähigkeiten zur kreativen Lösung von Konflikten zu erwerben. Wohlweislich wird dabei betont, wie wichtig es ist, die Verfahrensweisen von Kooperation und Konfliktlösung in die Alltagsaktivitäten von Kindern und Jugendlichen zu integrieren. Es reicht nicht aus, die Konzepte von kreativen Konfliktlösungen zu vermitteln; die dem Kind nahegebrachten Ideen müssen sich in seinen Erfahrungen widerspiegeln. – Für Menschen, die Kindern helfen wollen, Probleme kreativ zu lösen, wird es eine Belohnung sein, sich für dieses Buch entschieden zu haben.

Morton Deutsch, Columbia Universität, USA

Eine kreative Antwort

Der Herausforderung der Gewalt begegnen

1

Gewalt ist in unserer Gesellschaft allgegenwärtig. In den Schulen, wo die Spannungen wachsen und Konflikte ungelöst beiseite geschoben werden, sind tätliche Angriffe gegen Kinder, Lehrer und Lehrerinnen oder Sachbeschädigungen alltäglich geworden. Bildungs- und Erziehungseinrichtungen, die ein positives Milieu für den Widerstand gegen dieses Anwachsen der Gewalt fördern sollen, sind nur selten in der Lage, die Ursachen dieses unsozialen Verhaltens anzugehen. Oft suchen sie Zuflucht in Sicherheitsmaßnahmen oder greifen zu feindseligen Mitteln gegen die Missetäter.

Hinzu kommt, daß jeder einzelne Versuch, Gewalt mit Methoden zu beseitigen, die selbst auch wieder gewalttätig gegen Kinder in Konfliktsituationen sind, die Ansicht bestätigt, daß Gewalt eine akzeptable, wenn nicht sogar zu bevorzugende Methode der Problemlösung sei. Derartige Methoden sind unmenschlich und vermögen es nicht, Kindern positive Alternativen zu gewalttätigen Verhaltensmustern anzubieten. Unserer Erfahrung nach lernen Kinder – insbesondere junge Kinder – weitaus mehr durch unseren Umgang mit Aggressionen und Konflikten als durch unsere Worte. Wenn wir moralisches Verhalten fördern wollen, kommt es mehr darauf an, wie wir *handeln* als darauf, was wir sagen. Was wir sagen ist wichtig, aber noch wichtiger ist, daß es im Gleichklang mit unserem Handeln steht.

Grundphilosophie dieses Konzeptes für einen Kreativen Umgang der Kinder mit Konflikten ist es, eine Atmosphäre zwischen Kindern und Erwachsenen zu schaffen, die warm, bestärkend und unterstützend ist. Nur in einer solchen Atmosphäre können Kinder lernen, auf eine menschliche und konstruktive Art und Weise miteinander und mit Konflikten umzugehen.

2 Eine Idee wächst

Die Wurzeln der Gewalt

Zu den Wurzeln vordringen

Die Art und Weise, wie das *Konzept für einen Kreativen Umgang der Kinder mit Konflikten* (KUK-Konzept) an Konfliktlösungen herangeht, ist auf die Wurzeln des Konflikts gerichtet und nicht lediglich auf seine Symptome. Ziel ist es, Lehrerinnen, Lehrer und alle, die mit Kindern arbeiten, zu veranlassen, sich nicht allein mit der aktuellen Krisensituation zu beschäftigen, sondern eine positive Dynamik in Gang zu setzen, in der Kinder motiviert werden, konstruktiv auf Konflikte zu reagieren. Sich nur auf die augenblickliche Krise zu beschränken — egal, ob sie sich im Schulalltag, am eigenen Wohnort oder zwischen Nationen abspielt — heißt soviel wie ein Unkraut dicht über dem Boden abzuschneiden, während in der Erde die versteckten Wurzeln neue, starke Sprossen treiben. Die Wurzeln von Konflikten liegen tief in unserer Kultur verankert und werden in Verhaltensweisen deutlich, wie sie in unserer Gesellschaft gefördert werden: Konkurrenzdenken, Feindseligkeit als Antwort auf Aggression, Angst und die Erniedrigung, die wir täglich in Klassenzimmern, auf den Fluren und Spielplätzen unserer Schulen miterleben können.

Offenheit, eine positive Selbstwahrnehmung, Kooperation und die Bereitschaft zum Teilen werden von Kindern wesentlich leichter gelernt, wenn sie Teil einer Gemeinschaft werden, in der diese Eigenschaften die Norm darstellen. In einer solchen Atmosphäre entdecken sie bessere Wege zueinander und auch zu sich selbst.

Es genügt nicht, über diese Ideen zu reden. Um wirksam werden zu können, müssen sie in der Organisation der Klasse sichtbar werden. Vergleichen Sie z.B. das *Sitzen im Kreis* mit einer herkömmlichen Sitzordnung in der Klasse: um wieviel deutlicher ist der Kreis ein Ausdruck von Gleichheit. Anstatt den Kindern nur zu sagen, daß Gewalt schlecht und böse ist, schaffen wir eine positive Atmosphäre und Struktur in der Klasse, in der Gewalt völlig fehl am Platze und unser Handeln ein Beispiel für konstruktive Problemlösung ist.

16

Wir machen Kinder mit so etwas ähnlichem wie Werkzeugen bekannt – und zwar mit solchen, die Spaß machen –, die sie dazu ermutigen, selbst Lösungen für Probleme und Konflikte zu entdecken, die sich aus ihren eigenen Lebensumständen ergeben. Sie *selbst* entscheiden, welche Lösungen ihnen am ehesten helfen, ihre persönlichen Ziele zu erreichen. Und wie fruchtbar ihre Vorstellungskraft sein kann! Erstaunlich, welch kreative Lösungen ihnen manchmal einfallen! Dieser Prozeß – Kinder anzuregen, sich aktiv an der Konfliktlösung zu beteiligen – ist die KUK-Philosophie in Aktion. Und der beste Weg, die zugrundeliegende Theorie zu verstehen ist, sie in die Tat umzusetzen!

Einige mögen jetzt vermuten, daß das KUK-Konzept Kinder überbehüte und sie unfähig mache, mit der realen Welt „draußen" umzugehen. Aber unsere Erfahrung beweist das Gegenteil. Kinder, die in einer liebevollen, unterstützenden Umgebung aufwachsen, sind besser darauf vorbereitet, mit Konflikten in kreativer und versöhnlicher Weise umzugehen – sei es innerhalb oder außerhalb des Schulalltags.

Wir sind nicht grundsätzlich gegen alle Konflikte. Manchmal wachsen wir erheblich durch Konflikte, insbesondere dann, wenn wir lernen, konstruktiv damit umzugehen. Aber viele Konflikte sind überflüssig, eine Vergeudung von Energien, die keinem vernünftigen Zweck dienen. Diese Art von Konflikten verschwindet oft, wenn wir uns auf effektive Weise mit den Ursachen beschäftigen.

So hören wir z.B. von Eltern, daß diejenigen ihrer Kinder, die an KUK-workshops teilnehmen, nicht mehr so streitsüchtig, sondern viel versöhnlicher geworden sind. Und eine Teilnehmerin in unserem Fortbildungskurs bemerkte, daß durch die KUK-Seminare an der Grundschule, an der sie unterrichtet, die Zahl der Streitereien zurückgegangen sei. Komme es dennoch zu Kämpfen, versuchten die Kinder, sie zu stoppen anstatt nur drumherum zu stehen oder sie sogar noch anzuheizen.

Es kommt nicht allein auf die Technik an

Als wir begannen, mit Kindern zu arbeiten, wurde nicht sichtbar, ob positive Haltungen und Fähigkeiten aus dem Schulalltag in Alltagssituationen übertragen wurden. Wir hatten nicht verstanden, wie komplex und tiefgehend unsere Aufgabe war; statt in den Kindern die Wurzeln des Mitgefühls an Stelle der Gewalt zu fördern, hatten wir mehr auf die Vermittlung von Fähigkeiten zur Konfliktlösung gesetzt, ohne darauf zu achten, ob eine unterstützende Atmosphäre in der Klasse herrschte. Obwohl wir Erfahrungen in der Arbeit mit Erwachsenen und der Entwicklung neuer Strukturen durch Denken und Handeln hatten, begannen wir erst durch die Arbeit in den Schulen zu verstehen, daß Kinder am besten durch konkrete Erfahrungen lernen. Daher ist das Lernumfeld von erheblicher Bedeutung. Außerdem begriffen wir langsam, daß den Lehrerinnen und Lehrern eine Schlüsselrolle dabei zukommt, eben dieses Umfeld zu schaffen. Der folgende Bericht einer unserer Diskussionshelferinnen beschreibt einen der Wege, auf dem wir dies lernten.

„Seit Anfang dieses Jahres hatten wir nur Übungen zur Konfliktlösung mit der Klasse gemacht. Nach unserem ersten Eindruck lief alles sehr gut. In der 2. Klasse machten wir einen Sketch, in dem zwei Puppen einen Konflikt zwischen einer älteren Schwester und ihrem jüngeren Bruder darstellten. Der Sketch begann damit, daß die Puppe den jüngeren Bruder auf der Bühne mit einem Buch in der Hand darstellte. Die Puppe „ältere Schwester" erschien ebenfalls auf der Bühne und suchte ihr Buch. Der Konflikt nahm seinen Verlauf, als die Schwester ihr Buch verlangte und der Bruder sich weigerte, es herzugeben. An dieser Stelle brachen wir das Stück ab und forderten die Kinder auf, Kleingruppen zu bilden und Lösungen für das Problem zu suchen. Die Kinder fanden zusammen mit den erwachsenen Diskussionshelferinnen oder -helfern eine Reihe von Lösungen und stellten diese mit den Puppen dar. Die Lösungen waren herzerweichend: Die Schwester liest ihrem Bruder aus dem Buch vor, sie nimmt ihn mit in ihr Zimmer und hilft ihm, ein passenderes Buch zu finden oder geht mit ihm in die Bücherei und läßt ihn einige eigene Bücher ausleihen. Wir waren von diesen Lösungen entzückt. Aber eine Lehrerin stellte uns die provokative Frage: „Glaubt ihr, die Kinder vertrauen wirklich auf die Lösungen, mit denen sie da ankommen?" Auf unsere Frage, was sie damit ausdrücken wolle, sagte sie, daß Kinder – auch schon sehr junge Kinder – schnell herausfinden, welche Art von Antworten Lehrerinnen gerne hören, und diese Antworten liefern sie ihnen dann.
    In Einzelgesprächen mit den Kindern der Klasse fanden wir heraus, daß die Lehrerin in vielen Fällen recht hatte. Wir wählten ein anderes Beispiel und fragten die Kinder, was sie in dieser Situation tun

würden. Einige von ihnen plapperten fast wörtlich nach, was ihnen beigebracht worden war, was zeigte, daß sie den Inhalt der Stunde nicht verstanden und verinnerlicht hatten. Andere antworteten „Ich würde ihm eins auf die Nase hauen" oder „Ich würde in sein Zimmer gehen und ihm irgendwas wegnehmen".

Vertrauen entwickeln

Es schien uns angebracht, in einer Zwischenauswertung einiges neu zu überdenken. Uns wurde klar, daß Kinder eine Umgebung benötigen, in der Kooperation und Vertrauen vorherrschen, damit sie die Techniken zur Konfliktlösung konkret umsetzen können. Also setzten wir uns das Ziel, eine solche unterstützende Atmosphäre zu schaffen. Fast ein Jahr lang entwickelten und testeten wir viele Übungen zu den Themen Kooperation, Selbstbestätigung und Kommunikation. Durch diesen Prozeß konnten wir ein Gemeinschaftsgefühl und eine vertrauensvolle Atmosphäre unter den Kindern, mit denen wir arbeiteten, aufbauen. So bestand für uns die realistische Hoffnung, daß die Kinder die Techniken verstehen und auf ihr alltägliches Leben übertragen würden.

Dieses Beispiel verdeutlicht die experimentelle Natur unserer Herangehensweise. Seit dem Beginn des KUK-Konzepts 1972 haben wir viele Veränderungen vorgenommen. Es war eine Zeit des Lernens und Wachsens. Gelernt haben wir sowohl von den Lehrerinnen und Lehrern, mit denen wir gearbeitet haben als auch aus den Erfahrungen und Schriften vieler anderer Gruppen, die damit beschäftigt sind, kreative zwischenmenschliche Beziehungen zu entwickeln. Am meisten jedoch haben wir von den Kindern gelernt.

3 Planung und Vorbereitung

Einige Vorbemerkungen

Eine kooperative Umgebung schaffen

Das thematische Arrangement der folgenden Kapitel zeigt, daß sie in ihrer Anordnung auf ein gemeinsames Ziel hin ausgerichtet sind. Dieses Ziel ist, eine Umgebung zu schaffen, die es Kindern ermöglicht, Gemeinschaftsgefühle, ein gesundes Selbstwertgefühl und Fähigkeiten zur kreativen Konfliktlösung zu entwickeln. Die einzelnen Bestandteile einer solchen Umgebung sind miteinander verknüpft und bedingen einander. Eine entspannte und angenehme Atmosphäre ist wichtig, um Kooperation und ein Gemeinschaftsgefühl erleben zu können. Ein gutes Gemeinschaftsgefühl vermittelt Geborgenheit und verbessert die Fähigkeiten der Kinder, sich selber und andere einzuschätzen. Und ein positives Selbstwertgefühl ermöglicht es Kindern, ihre Kommunikationsfähigkeiten auszubauen, die für kreative Konfliktlösungen sehr wichtig sind. Jedes Kapitel dieses Handbuches konzentriert sich auf einen Aspekt eines solchen Umfeldes bzw. trägt zu seiner Entstehung bei. In einer solchen Umgebung sind Kinder in der Lage, diese Konzepte für kreative Konfliktlösungen aufzunehmen und sie dann auf Situationen anzuwenden, wie sie im Laufe ihres Lebens auftauchen.

Es ist ein fortlaufender Prozeß, sich Fähigkeiten zur kreativen Konfliktlösung anzueigenen, und dabei wird es auch immer wieder Rückschläge geben. Es bedarf einer Menge praktischer Erfahrungen, diese Fertigkeiten erfolgreich einzusetzen. Außerdem: bisher hat noch niemand versucht, alle Einsichten, die sich aus den hier beschriebenen Techniken gewinnen lassen, systematisch aufzulisten. Wahrscheinlich werden Sie viele neue Erkenntnisse hier finden. Am wichtigsten ist es jedoch, daß Sie solche Übungen und Spiele auswählen, die Ihrer Gruppe entsprechen.

Diese Techniken erfordern eine kontinuierliche Auswertung. Sehen Sie sie nicht als Lösungen zu Problemen an. Manche Probleme sind vielleicht nicht zu lösen. Aber diese Techniken helfen Lehrerinnen und Lehrern, ein positiveres Klima in ihrer Schule zu schaffen und die Probleme zu lösen, die die Kinder lösen wollen. Genauso wichtig wie die freiwillige Beteiligung ist das Bedürfnis der Kinder, Konflikte lösen zu wollen. Ihr Interesse daran wächst, sobald sie die Vorteile selbst erkennen können. Mit der Zeit wird die kreative Konfliktlösung zu einer natürlichen Reaktion.

Drei Arbeitsformen

Es gibt drei verschiedene Arbeitsformen, mit denen Kindern Themen und Techniken nahegebracht werden können:

1. Workshop
Beim workshop handelt es sich um eine klar definierte und begrenzte Aktivität. Ein workshop ist detailliert vorgeplant und steht u.U. in keinem Zusammenhang mit dem Lehrplan oder anderen Arbeitsbereichen der Klasse. Er kann mehrere *Aufwärmübungen* enthalten, z.B. mit dem Ziel, daß alle ihren Spaß haben und ein gutes Gemeinschaftsgefühl hergestellt wird. Diese Arbeitsform ist ausführlicher auf Seite 24 unter *Planung eines workshops* beschrieben.

2. Integration in die regelmäßigen Aktivitäten des Schulalltags
Hierbei werden die Themen der kreativen Konfliktlösung in die fortlaufenden Aktivitäten eingefügt und können in regelmäßigen Abständen während des Tages, der Woche oder des Jahres einfließen. Fragen Sie die Kinder z.B. morgens, wenn sie in die Klasse kommen, was ihnen Schönes auf dem Schulweg passiert ist, oder wenn sie in die Ferien gehen, was sie gerne in dieser Zeit tun möchten. Ein Beispiel dieser Arbeitsform wird im 5. Kapitel auf Seite 34 vorgestellt.

3. Integration in den Lehrplan
Im Rahmen dieser Arbeitsform kann man z.B. eine schriftliche Aufgabe planen, die den Aufbau des Selbstwertgefühles fördert oder ein wissenschaftliches Experiment, das der Entwicklung der Kooperation untereinander dient. Ein Beispiel für diesen Ansatz findet sich ebenfalls im 5. Kapitel.

Unsere Erfahrungen mit workshops haben gezeigt, daß sie eine gute

Form der Einführung in Ziele und Methoden der kreativen Konfliktlösung darstellen. Wir hoffen, daß die Lehrerinnen und Lehrer, die mit diesem Ansatz beginnen, später diese Themen auch in andere Aktivitäten und in ihren Lehrplan einfließen lassen und so grundsätzlich ein besseres Klassenklima entstehen kann. Es wäre schade, wenn sich das allein auf die workshops beschränken würde.

Wer die Erfahrung mit ähnlichen gruppendynamischen Arbeitsformen hat, wird schnell dazu übergehen, diese Techniken in andere Klassenaktivitäten und in den Lehrplan zu übernehmen. Für die anderen ist es hilfreich, sich zu vergegenwärtigen, daß die meisten Techniken einen experimentellen Charakter besitzen. Ohne vergleichbare Vorerfahrungen ist es sicher nicht leicht, immer die volle Bedeutung der Übungen zu erkennen und sie effektiv anzuwenden. Es hat sich als zweckmäßig erwiesen, wenn Lehrer und Lehrerinnen sich vor Beginn des Experimentierens zusammensetzen, um Techniken auszuprobieren oder Programmideen zu diskutieren.

Die Bedürfnisse der Klasse erkennen

Obwohl Sie wahrscheinlich eine Menge über jedes einzelne Kind Ihrer Klasse wissen, ist der erste Schritt bei der Planung eines workshops, Informationen darüber zu sammeln, wie die Kinder sich als Klasse verhalten. So könnten Sie z.B. über einen gewissen Zeitraum hin regelmäßig aufschreiben, was in der Klasse passiert. Die folgenden Fragen könnten dabei hilfreich sein:

* Welche Gefühle haben Sie gegenüber den Kindern?
* Welche Gefühle haben die Kinder in bezug auf Sie?
* Wie gut kennen sich die Kinder untereinander, wie gut kennen die Kinder Sie?
* Mögen sich die Kinder untereinander?
* Haben die Kinder Spaß?
* Haben Sie Spaß?
* Gibt es Aktivitäten, die spontan einfach so passieren?
* Wieviel Freiheit haben die Kinder?
* Sind unter den Kindern solche, die emotional gestört sind?
* Sind die Kinder verwahrlost?

* Gibt es Altersunterschiede in der Klasse?
* Initiieren die Kinder einige Aktivitäten selbständig?
* Wer hat die größte Macht?
* Machen die Kinder sich gegenseitig herunter?
* Gibt es Persönlichkeitsprobleme?
* Gibt es Cliquen?
* Wehren sich die Kinder oder Jugendlichen?
* Wie verhalten sich die Kinder hinter Ihrem Rücken?
* Verhalten die Kinder sich anders, wenn Sie nicht da sind?
* Wie verhalten sich die Kinder gegenüber Vertretungslehrerinnen?
* Wie reagieren die Kinder auf Besucherinnen?
* Inwieweit beteiligen sich die Eltern am Schulgeschehen?
* Wie ist die Atmosphäre in der Schule?
* Unterscheidet sich die Schulatmosphäre von der in Ihrer Klasse?
* Welche Einstellung haben Kinder oder Jugendliche gegenüber der Verwaltung?
* Gibt es ein Bestrafungssystem?

Die Antworten auf diese Fragen geben Ihnen einen Überblick darüber, was sich in Ihrer Klasse abspielt. Außerdem wird klarer, in welcher Relation die Themen des *Konzeptes für einen Kreativen Umgang der Kinder mit Konflikten* zu Ihrer Gruppe stehen. Ihnen mögen selbst Fragen kommen, die sich direkt mit folgenden Themen befassen:

* Herrscht in der Klasse eine kooperative Stimmung?
* Haben die Kinder ein gutes Gefühl zu sich selbst und zueinander?
* Hören die Kinder einander zu?
* Kommunizieren die Kinder offen und verständlich miteinander?
* Wie werden Konflikte gelöst?

Wenn das Gemeinschaftsgefühl zu wünschen übrig läßt, können Sie mit Kooperations-Spielen anfangen. Wenn die Kinder nur ein geringes Selbstvertrauen besitzen, ist die Stärkung des Selbstwertgefühls wichtig. Liegt das Problem in der Kommunikation begründet, üben Sie mit den Kindern Zuhören, Beobachten und Sichausdrücken. Haben die Kinder eine positive Grundeinstellung, fällt ihnen Kooperation und Kommunikation leicht, können Sie sich der Kunst der konstruktiven Konfliktlösung zuwenden.

Planung eines Workshops

Berücksichtigen Sie bei der Planung das Ziel des workshops. Was hoffen Sie mit der Stunde zu erreichen? Vielleicht gibt es ein einzelnes Ziel: eine Idee vorstellen, einen Konflikt definieren, gegenseitige Hilfe fördern, die Kommunikationsfähigkeit verbessern oder ein bestimmtes Problem der Klasse lösen. Oder es gibt mehrere Ziele: die Kinder mit speziellen Techniken, wie z.B. Rollen- oder Puppenspielen, vertraut machen und sich mit Kooperation und Konfliktlösung beschäftigen. Das Ziel kann sich auch um ein bestimmtes Thema drehen, z.B. kreative Lösungen für Probleme zu finden, denen Kinder täglich gegenüberstehen.

Der nächste Schritt ist, Aktivitäten zu finden, die Ihrem Ziel entsprechen. Wir empfehlen, daß Sie sich alle in diesem Buch beschriebenen Aktivitäten anschauen, bevor sie eine Auswahl für Ihre Klasse treffen. Es ist hilfreich, die Vorbereitung mit einer zweiten Person zusammen durchzuführen, mit einem Schüler, einer Praktikantin, einem Elternteil oder jemandem im Referendariat. Eine Form der Ideensammlung für die Planung ist ein *brainstorming* zu möglichen Aktivitäten (s. Kapitel 13, S. 102). Prüfen Sie die Auswahl anhand folgender Fragen:

* Haben alle Aktivitäten mit dem Hauptziel zu tun?
* Besteht eine Steigerung von leichteren zu schwierigeren Übungen?
* Bauen die Aktivitäten so aufeinander auf, daß – durch die logische Reihenfolge – ein nachvollziehbarer Ablauf gewährleistet ist?
* Ist genügend Tempowechsel vorhanden, Wechsel von Reden und Handeln?
* Gibt es eine Mischung aus Plenum und Kleingruppen-Aktivitäten?
* Haben alle die Möglichkeit mitzureden oder besteht die Möglichkeit, daß Einzelne in der Gruppe dominieren könnten?
* Haben die Kinder die Möglichkeit, sich zu bewegen?
* Gibt die Struktur Raum für Eigeninitiativen der Kinder?
* Werden die Beteiligten Spaß haben?
* Sind dies Übungen, an denen alle teilnehmen werden?
* Ist Zeit für eine Auswertung eingeplant?

Verschiedene Elemente im Programm

Neben der Zielbestimmung und der Auswahl der Aktivitäten müssen Sie sich überlegen, wie Sie den workshop beginnen und beenden wollen. Soll ein Aufwärmspiel am Anfang stehen, und wenn ja, welches? Wenn Sie eine Reihe von workshops planen, wäre es vielleicht gut, immer in der gleichen Form in einer Art 'Ritual' zu beginnen, z.B. mit einem Spiel, bei dem z.B. alle im Kreis stehen und sich an den Händen fassen. Die meisten Lehrerinnen können recht gut einschätzen, was bei der eigenen Klasse gut ankommt. Wenn sich eine Klasse leicht gelangweilt fühlt oder Schwierigkeiten hat, als Gruppe zusammenzuarbeiten, ist ein mitreißendes Spiel zum Gruppenaufbau wichtig. Wenn die Klasse nicht so gut auf solch ein 'Ritual' anspricht, verändern Sie die Einführungsübung unter Berücksichtigung des Workshopthemas oder -ziels. Aktivitäten wie Singen oder lustige und lebendige Spiele setzen Energie frei und schaffen eine entspannte Atmosphäre. Bei der Auswahl der Aktivitäten ist die Größe der Gruppe zu berücksichtigen.

Ein Planungsbeispiel

Hier soll ein Beispiel gezeigt werden, wie Ziele festgelegt werden und ein workshop für eine Klasse geplant wird. Wir befinden uns am Anfang des Schuljahres. Die Kinder kooperieren nicht miteinander und scheinen isoliert. Die meisten kennen die Namen der anderen nicht, und es ist kein Gemeinschaftsgefühl vorhanden. Wahrscheinlich bilden sich Cliquen, jeweils getrennt nach Jungen oder Mädchen. Die Kinder sind alle etwa gleich alt, zeigen aber Unterschiede in ihren Lese- und Schreibfähigkeiten. Auf der Grundlage dieser Beobachtungen formulieren Sie die folgenden Ziele:
* Aufbau einer entspannten Gruppenatmosphäre;
* jedes Kind soll die Namen aller anderen Kinder kennenlernen;
* es soll ein Gemeinschaftsgefühl entstehen.

Bedenken Sie die verschiedenen Aktivitäten, die in diesem Buch für Eröffnungsrunden beschrieben sind. Darunter befinden sich: *Namensspiel mit Lied, Vorstellung durch eine Puppe, Namen-Erinnerungsspiel, Namen-Vorstell-Spiel.*

Sie möchten nicht singen, daher fällt das *Namensspiel mit Lied* schon mal heraus. Sie fürchten, die Kinder könnten Puppen für zu babyhaft halten, daher kommt auch die *Vorstellung durch eine Puppe* nicht in Frage. Da Sie es für wichtig halten, daß alle die Namen wirklich gut lernen, entscheiden Sie, daß das *Namen-Erinnerungsspiel* wohl am besten für einen Einstieg geeignet ist.

Außerdem wollen Sie einige Aufwärmspiele machen, um eine entspannte Atmosphäre herzustellen. Sie ziehen Pantomime-Spiele wie *Hermann-Hermine* und *Objekt-Darstellen* ebenso in Erwägung wie lustige und lebendige Spiele wie z.B. *Brrromm und Quiiietsch* sowie *Elefant und Palme.* Da alle lange gesessen haben werden, wählen Sie *Elefant und Palme,* weil dafür ein Kreis gebildet wird und das Spiel ziemlich lebhaft ist. Nebenbei enthält diese Übung auch ein Element von Kooperation, was gut zu Ihrem Ziel, nämlich dem Aufbau des Gemeinschaftsgefühls, paßt.

Sie möchten noch ein weiteres Spiel anbieten, um sicherzugehen, daß die Kinder sich entspannen und Spaß haben. Ihnen gefällt immer noch die Idee, etwas mit Pantomime zu machen, also entscheiden Sie sich für *Hermann-Hermine.* Dabei sitzen dann alle wieder im Kreis. Um jetzt die Idee der Kooperation zu betonen, erwägen Sie, einige längere Kooperations-Spiele zu machen, wie *Gemeinsames Bauen mit Bauklötzen, Maschinen bauen, Stegreif-Theater, gemeinschaftliches Malen* oder *Monster-Basteln. Maschinen bauen* und *Monster-Basteln* gewährleisten am ehesten eine gute Zusammenarbeit unter den Kindern. Von den beiden wählen Sie wiederum *Monster-Basteln* aus, weil es das für die Kinder am wenigsten bedrohliche Spiel ist, denn je schlechter die Zeichnung, desto besser das Monster. Da dies ziemlich viel Zeit erfordert, brauchen Sie jetzt nur noch einen Abschluß oder eine kurze Auswertung. Ihr Programm sieht schließlich so aus:

1. *Namen-Erinnerungsspiel*
2. *Elefant und Palme*
3. *Hermann-Hermine*
4. *Monster-Basteln*
5. *Auswertung*

Sie sind sich nicht sicher, wie Sie die Auswertung machen wollen, daher wählen Sie eine einfache Form. Sie bitten die Kinder, ein Beispiel zu geben für etwas, das ihnen gefallen hat und ein weiteres für etwas, das sie gerne verändert haben möchten.

Sie möchten gerne einen schönen Abschluß des workshops, sind sich aber nicht so sicher, wie die Stimmung sein wird. Daher halten Sie sich die Möglichkeit offen, am Ende einen Abschlußkreis zu machen, in dem Sie jedes Kind bitten, etwas zu sagen, das ihm an den Monstern gefällt. Sie brauchen erst nach der Auswertung zu entscheiden, ob ein Abschlußkreis angebracht ist.

Flexibilität im Programm

Jedes Programm sollte eine gewisse Flexibilität besitzen. Das Programm ist ein Mittel zum Zweck und nicht Selbstzweck. Verändern Sie das Programm, wenn das nötig ist, um den Bedürfnissen der Klasse gerecht zu werden. Derartige Flexibilität zeigt den Kindern, daß der workshop extra für sie entwickelt worden ist und kein Standard-Programm darstellt, in das sie sich einzwängen müssen. Wenn Leute mitbestimmen können beim Plänemachen, wächst die Beteiligung und eine unterstützende Atmosphäre ist das Ergebnis. Programmänderungen können sowohl zu Beginn des workshops als auch in dessen Verlauf vorgenommen werden.

Weitere Hinweise in bezug auf Programmänderungen finden sich auf Seite 29 im vierten Kapitel unter *Besprechung der Tagesordnung.*

4

Auf Los geht's los

Zur Rolle der Moderatorinnen[1]

Über das Prinzip der Moderation ist schon viel geschrieben worden; hier sollen nur einige wenige Punkte erwähnt werden, die vielleicht hilfreich sein können.

Eine wichtige Aufgabe für die Moderierenden besteht darin, das Geschehen im Fluß zu halten. Manchmal ist es wichtiger, eine gute Diskussion fortzusetzen, als zum nächsten Programmpunkt überzugehen. Die Moderatorinnen sollten die Gruppe fragen, ob die geplante Tagesordnung beibehalten oder die augenblickliche Diskussion fortgesetzt werden soll. Oft fassen die Moderatorinnen oder Moderatoren die geäußerten Meinungen noch einmal zusammen, klären bestimmte Punkte und zeigen die Verbindungen zu den Zielen des workshops auf. Hin und wieder überprüfen sie, ob sich die Veranstaltung den Vorstellungen der Gruppe entsprechend entwickelt.

Des weiteren ist es unumgänglich sicherzustellen, daß alle Meinungen angehört und Unterschiede eher als Chance zum Lernen gesehen werden und nicht als Streit um die Frage, wer recht hat. Die Moderatorinnen gehen mit gutem Beispiel voran, indem sie allen Beteiligten gegenüber freundschaftliches Interesse zeigen und sowohl deren Beiträge wie sie sebst positiv bewerten. Es liegt in ihrer Verantwortung, den Zusammenhalt der Gruppe zu bewahren.

Außerdem müssen die Moderierenden unbedingt darauf achten, daß die Bedürfnisse der Einzelnen und das für die Gruppe angestrebte Ziel in einem ausgewogenen Verhältnis stehen. Alle Beteiligten sollten sich dabei wohlfühlen, etwas zum Gruppengeschehen beizutragen. Die Macht in der Gruppe sollte gleich verteilt, jede Person gleichberechtigt am Ablauf beteiligt sein und etwa die gleiche Redezeit haben. Es liegt

---

1 Anmerk. d. Übers.: Für den englischen Begriff facilitator gibt es leider keine passende Übersetzung. Im folgenden werden daher die Worte Moderatorin oder Moderierende benutzt, da die sonst auch gebräuchliche Übersetzung Diskussionshelferin in diesem Zusammenhang zu kurz greift; hier geht es ja nicht nur um die Leitung von Diskussionen, sondern auch um die Anleitung und Strukturierung von Gesprächen, Spielen und anderen Aktivitäten.

in der Verantwortung der Moderatorinnen und Moderatoren, auch Zurückhaltende zur Beteiligung zu ermutigen und Personen, die die Aktivitäten monopolisieren, zu bremsen. Jedes Mitglied der Gruppe sollte sich von den anderen akzeptiert fühlen.

Das *Sitzen im Kreis* ist ein wesentlicher Beitrag zu demonstrieren, daß alle am Gespräch gleichberechtigt teilnehmen und niemand für die Gruppe wichtiger oder unwichtiger ist als die anderen.
Es gibt zwei einfache

Grundregeln, die für alle Aktivitäten gelten:

* Jede Person hat die Möglichkeit, teilzunehmen, und
* jede Person respektiert die Beiträge der anderen.

Ebenso entscheidend ist die freiwillige Beteiligung an den Aktivitäten. Wenn etwas Spaß macht und Selbstbestätigung gibt, wollen sicher alle mitmachen. Wenn nicht alle teilnehmen wollen, sorgen Sie für eine alternative Beschäftigung, der diejenigen in einem anderen Teil des Raumes ruhig nachgehen können. So wie jedes Kind sich entscheiden kann wegzugehen, kann es sich auch entscheiden, wieder mitzumachen. Auch sollten Sie den Kinder erlauben, jederzeit bei allen Beschäftigungen zu passen.

Ein paar besondere Techniken

Im folgenden einige Ideen, Ihre Arbeitseinheiten zu beginnen und zu beenden:

Besprechung der Tagesordnung
Die Besprechung der Tagesordnung am Beginn einer Aktivität ist ein Verständigungsprozeß mit der Gruppe über Ziel und Ablauf der Aktivität, um auf diese Weise Konsens über die Weiterarbeit zu bekommen. Wenn jemand eine geplante Aktivität nicht versteht, ist jetzt der richtige Zeitpunkt, sie zu erklären. Zum Beispiel: „Monster-Basteln ist eine kooperative Malübung, bei der wir alle verschiedene Teile eines Monsters malen und sie dann zusammenfügen." Nachdem Sie das Programm vorgestellt haben, fragen Sie die Kinder, ob sie es o.k. finden, so zu verfahren. Eine Gruppe wird ein Programm, in dem ihre Bedürfnisse berück-

sichtigt sind, auch akzeptieren. Wird das Programm jedoch im Ganzen abgelehnt, ist es die Aufgabe der Moderatorin oder des Moderators, zügig einen neuen Vorschlag zu machen, damit nicht die ganze Zeit darauf verwandt wird, über das Programm zu reden.

Stille Zeit

Nutzen Sie die Übung *Stille Zeit,* um eine unruhige oder laute Gruppe zu beruhigen. Regen Sie Kinder dazu an, auf die Geräusche im Raum zu lauschen und ihre Gedanken auf das Geschehen zu konzentrieren. Stille Zeit unterstützt sowohl das Selbstgefühl als auch den Gruppenbildungsprozeß.

Auswertung einer Aktivität

Eine Auswertung ermutigt alle Beteiligten zum Mitmachen, indem sie am Ende einer Aktivität noch mal eine Rückmeldung geben. Auswertungen sollten häufig stattfinden und Verbesserungsvorschläge so schnell wie möglich bearbeitet werden. Auswertungen helfen, zukünftige Aktivitäten zu planen, da sie die Bedürfnisse der Teilnehmenden oft sehr direkt zeigen (vgl. Kapitel 16 über Auswertungen). Zusätzlich zu Rückmeldungen über die Aktivitäten achten Sie bitte unbedingt darauf, auch Auswertungen zum Gruppenprozeß und zu Ihrer eigenen Rolle einzubauen und sicherzugehen, daß Sie nur nichtbedrohliche Aktivitäten auswählen, die zu positiven Erfahrungen werden können. Ihre Fähigkeiten, Aktivitäten und Ziele für die Bedürfnisse der Gruppe aufeinander abzustimmen, werden von mal zu mal wachsen.

Abschluß einer Aktivität

Es ist wichtig, daß jede Aktivität einen klaren Abschluß hat. Eine Möglichkeit dazu bietet die Auswertung. Ein Lied, das die Kinder gerne singen, ist auch eine gute Idee. Manchmal entsteht während einer Aktivität eine besondere Atmosphäre, die von einem aufregenden Gefühl der Gemeinsamkeit und des persönlichen Miteinanders geprägt ist. In diesem Falle würde es gut sein, einen Kreis zu bilden. Man kann untergehakt oder händehaltend im Kreis stehen und auf eine Frage antworten, z.B. „Welches Wort beschreibt am besten, wie Du Dich jetzt gerade fühlst?" oder „Kannst Du sagen, was Du an der Person neben Dir besonders magst?" Benutzen Sie diese Methode nur, wenn die Beteiligten ein gutes Gefühl zu sich und zu den anderen haben und die Antworten ehrlich sein können.

Mit einer kurzen Stillen Zeit kann die Stunde auch beendet werden. Ebenso wie die Abschlußrunde muß sich dies spontan ergeben. Eine bestimmte Stimmung ist dafür schon wichtig. Eine *Stille Zeit,* in der die Kinder darüber nachdenken, was sie in der Gruppe gemacht haben, kann eine sehr schöne Erfahrung sein.

Wie eine Gruppe zusammenarbeitet, hängt von vielen Faktoren ab; die hier beschriebenen Techniken tragen zu einer unterstützenden, kooperativen Atmosphäre bei, in der gegenseitige Herabwürdigungen und andere Formen von Gewalt abnehmen werden.

Kleingruppen

Eine weitere Aufgabe der Moderatorinnen besteht darin zu erkennen, wann es hilfreich ist, die Gruppe in Untergruppen aufzuteilen. Bestimmte Aktivitäten sind eher für kleine Gruppen (6-8 Personen) als für eine große geeignet. Sie können z.B. immer Kleingruppen bilden, wenn sich eine Diskussion anbahnt. Die Arbeit in Kleingruppen ermöglicht auch die aktive Teilnahme von Menschen, die in großen Gruppen zurückhaltend sind, sich jedoch im kleineren Kreis frei äußern. Wie in allen anderen Gruppen sollten Sie auch hier für eine gerechte Aufteilung der Redezeit sorgen; sie können Beiträge loben oder besonders hervorheben, machen Sie sich jedoch nie über Redebeiträge lustig.

Es gibt viele Möglichkeiten, die Klasse in Untergruppen aufzuteilen: stellen Sie Gruppen nach Ihren Kriterien zusammen, lassen Sie abzählen (entweder nach Zahlen oder auch nach Apfel-Birne-Pfirsich-Banane) oder lassen Sie die Kinder Kleingruppen nach eigener Wahl bilden. Selbst wählen zu können, bietet den Kindern den größten Freiraum, aber achten Sie darauf, daß keine Cliquen entstehen. Nummern oder Symbole aus einem Hut ziehen zu lassen, nimmt zwar einige Zeit in Anspruch, gibt Ihnen aber die Möglichkeit, die Gruppengröße vorher festzulegen. Schneller geht's, wenn Sie von sich aus Gruppen einteilen, aber damit ist jede Mitwirkung ausgeschaltet. Je mehr die Kinder an Entscheidungen beteiligt sind, desto eifriger werden sie sich an den Aktivitäten beteiligen. Wählen Sie eine Methode aus, die in Ihrer Gruppe funktioniert und bleiben Sie dabei, so oft es geht. Dadurch kann sich bei den Kindern Vertrauen in bezug auf Verfahrensfragen entwickeln, was sich immer positiv auf den Erfolg von Kleingruppen-Aktivitäten auswirken wird.

Einige Lehrerinnen und Lehrer mögen zögern, die Klasse in kleinere Gruppen aufzuteilen, weil sie sich nicht vorstellen können, daß die Gruppen zu eigenständiger Arbeit fähig sind. In diesem Falle wäre es eine Hilfe, wenn die Gruppen ihre eigenen Moderatorinnen bestimmen und Sie mit ihnen die Aufgabenstellung noch einmal durchgehen. Eltern, andere Freiwillige oder Personen, die ein Praktikum machen, können für diese Aufgabe, besonders zu Anfang eines Schuljahres, eine Hilfe sein. Später, nach einigen Wochen oder Monaten mit Kleingruppenerfahrungen, können Sie es langsam ohne Moderation durch Erwachsene versuchen. Achten Sie darauf, daß wer immer moderiert, sich und der Gruppe noch einmal die Grundregeln in Erinnerung ruft: Jede Person hat die gleichen Möglichkeiten, mitzumachen und jede Person respektiert die Beiträge aller anderen.

Sind die Kleingruppen gebildet, vergewissern Sie sich, daß alle die Aufgabenstellung und das Ziel verstanden haben. Es ist auch wichtig, die Moderatorinnen der einzelnen Gruppen noch einmal namentlich zu benennen. Diese bitten nun die Beteiligten, einen Kreis zu bilden und fangen mit einer kurzen Frage an, die die Aufmerksamkeit aller wecken soll. Diese Fragen, manchmal „Aufhänger" oder auch „Knaller" genannt, sollen die Aufmerksamkeit auf das Gruppengeschehen lenken, eine gute Atmosphäre gegenseitiger Stützung herstellen und alle zur Teilnahme anregen. Ein guter „Knaller" ist interessant und persönlich, aber nicht zu schwierig, z.B. „Welchen guten Film hast Du in der letzten Zeit gesehen?" Die Frage kann auch im Zusammenhang mit der sich anschließenden Aktivität stehen. Geht es in der Kleingruppe zum Beispiel ums *Geschichtenerzählen,* wären passende Fragen „Welche Art von Geschichten magst Du am liebsten? Gibt es eine Geschichte, die Du besonders magst? Wovon soll unsere Geschichte handeln? Wenn Du eine Geschichte anfangen würdest, wie könnte der erste Satz lauten?" Achten Sie darauf, daß die Antworten nicht zu lang ausfallen, damit alle eine Chance haben, auf alle Fragen zu antworten. Der Moderator oder die Moderatorin könnte vielleicht die Antworten benutzen, um eine Geschichte anzufangen.

Die Moderatorinnen einer Kleingruppe entscheiden beim *Geschichtenerzählen,* wer wie lange spricht. Wenn die Geschichte fertig ist, stellen Sie folgende Fragen: „Was hat Dir an der Geschichte besonders gefallen (nur eine Sache nennen)? Hattest Du das Gefühl, daß die anderen

Dir bei Deinem Part zugehört haben? Habt Ihr eine Idee, wie wir den anderen in der Klasse die Hauptgedanken unserer Geschichte mitteilen könnten?" Die Gruppe sollte entscheiden, wer den anderen berichten und was gesagt werden soll. Dieser Austausch und das gegenseitige Mitteilen über das, was in der Kleingruppe gelaufen ist, schafft sowohl Gemeinschaftsgefühl in der Klasse wie Kooperation in der Kleingruppe.

Wird jemand in der Kleingruppe angegriffen, sollte der Moderator oder die Moderatorin dieses Kind und andere, die evtl. dadurch beunruhigt sind, unterstützen und beruhigen und erst später mit der oder dem Schuldigen reden. Wenn die Moderatorinnen ein gutes Gefühl zur Gruppe haben, überträgt sich das in der Regel auf alle Anwesenden. Sollte es jedoch nicht möglich sein, die Probleme durch einfachen Zuspruch und Zuwendung zu lösen, opfern Sie nicht die ganze Gruppe für ein einzelnes Kind. Kinder, die z.B. keine Lust zum Mitmachen haben, sollen nicht dazu gezwungen werden; versuchen Sie es lieber später noch einmal, sie zum Mitmachen einzuladen. Sie werden sich beteiligen, sobald sie sich bereit fühlen. Kinder, die sich entschieden haben, an Gruppenaktivitäten nicht teilzunehmen, sollen sich anderweitig beschäftigen und keinesfalls den Rest der Gruppe stören.

Auch die Moderierenden der Kleingruppen sollten sich der gesamten Klasse bewußt sein. Will eine Gruppe etwas anderes als der Rest der Klasse machen, sollte die Zustimmung der anderen Gruppen dazu eingeholt werden. Wird die Zustimmung verweigert, sollte sich die kleine Gruppe an die zuvor gemeinsam getroffenen Absprachen halten. Dies ist aus Gründen der Fairness gegenüber den anderen Gruppen geboten und wichtig, um das Gemeinschaftsgefühl der Gesamtgruppe zu erhalten. Ist eine Gruppe vor der vereinbarten Zeit fertig, kann jemand aus dieser Gruppe die anderen fragen, wieviel Zeit sie noch benötigen. Jede Änderung im Zeitplan sollte unter den Gruppen abgesprochen werden. Wenn eine Gruppe mehr Zeit braucht, können die anderen währenddessen darüber diskutieren, was bei ihnen gelaufen ist.

5 Integration als Herausforderung

Die Weiterentwicklung des workshop-Ansatzes

Techniken in den Unterricht integrieren

Es gibt viele Wege, kreative Ansätze zur Konfliktlösung in den Schulalltag zu integrieren. Eine Möglichkeit besteht darin, eine tägliche Runde zu einem Thema zu machen, das die Kinder selbst aussuchen. Die Zeit kann von allen dazu genutzt werden, ein bestimmtes Problem miteinander zu besprechen oder den anderen etwas Positives über sich selbst mitzuteilen. Eine andere Möglichkeit ist es, Auflockerungsspiele in den Unterricht einfließen zu lassen, um Spannungen zu verringern, wann immer große Unruhe herrscht. Übungen zur Stärkung des Selbstvertrauens (z.B. *Etwas Nettes zum Valentinstag, Silhouetten basteln, Strümpfe füllen*) können das ganze Jahr über immer wieder benutzt werden, damit die Schülerinnen und Schüler ein positives Gefühl zu sich selbst entwikkeln. Oder Sie setzen eine bestimmte Zeit fest, z.B. am frühen Morgen, vor dem Mittagessen oder kurz vor dem Nachhausegehen, zu der sich alle treffen, um gemeinsam etwas Lustiges zu spielen und Spaß miteinander zu haben. Diese Herangehensweise erlaubt mehr Spontaneität als der workshop-Ansatz, auch wenn sich eine entsprechende Planung bereits zu Beginn des Schuljahres oft bezahlt macht.

Ein Lehrer erzählte uns, wie er *Konflikt-Geschichten-Lesen* in seinen Unterricht für eine vierte Klasse einbezog und das Interesse der Kinder über drei Tage hin fesseln konnte. Es überraschte ihn, daß dazu überhaupt Gespräche stattfinden konnten, besonders da viele seiner Schülerinnen selbst oft miteinander stritten und kämpften. Am ersten Tag erzählte er den Hauptkonflikt aus Ezra Jack Keats Stück „Die Brille", in dem einige ältere Jungen versuchen, zwei jüngeren Kindern eine Brille zu stehlen. Ohne den Schluß der Geschichte zu verraten, bat er die Kinder, mögliche Lösungen zu nennen und zum Erstaunen aller füllten bald mehr als 40 Lösungen die Schultafel. Die Kinder schrieben alle vorgeschlagenen Lösungen in ihre Hefte und diskutierten dann, welche Lösungen ihnen absurd oder nicht anwendbar erschienen und warum. Am nächsten Tag brachte der Lehrer das Buch wieder mit und las ihnen das

Ende der Geschichte vor. Die Diskussion um die Lösungen ging weiter. Als Hausaufgabe bat der Lehrer, die drei wahrscheinlichsten Lösungen auszuwählen. Am dritten Tag diskutierten die Kinder ihre Auswahl. Der Lehrer bat die Kinder, die Lösungen danach zu unterscheiden, ob sie Gewalt beinhalteten oder zu Gewalt führten oder nicht. Die Dauer und die Ernsthaftigkeit der nachfolgenden Diskussion über mögliche Folgen überraschte den Lehrer.

Integration in den Lehrplan

Wenn es darum geht, kreativen Umgang mit Konflikten in den Lehrplan zu integrieren, sind der Phantasie nur durch Beschränkung der eigenen Vorstellungskraft Grenzen gesetzt. Eine Reihe von Übungen zur Stärkung des Selbstbewußtseins (z.B. *Wenn mein Fuß reden könnte, Persönliche Sammelmappe – nur über mich* und *Freundliche Interviews*) stehen in direktem Zusammenhang mit Lese- und Schreibfähigkeiten.

Das folgende Beispiel zeigt, wie eine Lehrerin Themen zum kreativen Umgang mit Konflikten in den Lehrplan für den Leseunterricht der Vierten Klasse integrierte. Sie wollte die Kinder auf einen Lesetest vorbereiten, der sowohl bestärkend und kooperativ wäre, als auch Spaß machen würde. Sie entschied sich, für die Dauer von drei Wochen Bilderspiele zu machen, wie sie in Kapitel 10 beschrieben sind. In der ersten Woche ließ sie die Klasse eine Reihe von Spielkarten entwickeln, die Bilder und Worte aus der Vokabelliste enthielten. Jede Spielkarte zeigte ein Bild und verschiedene Wörter darunter; ein Wort paßte zu dem Bild, die anderen nicht. Die Schülerinnen und Schüler zeigten ihre Spielkarten der Klasse und versuchten reihum, die richtigen Antworten auf die Rätsel der anderen zu finden. Die Herstellung der Spielkarten stärkte das Selbstbewußtsein der Kinder, das anschließende Spiel förderte das Gemeinschaftsgefühl. In der zweiten Woche stellten die Kinder ein weiteres Spieleset zusammen, bestehend aus Bildern und Sätzen, die die Bilder beschrieben. Die Sätze waren nicht vollständig, aber im Anschluß gab es eine Liste mit möglichen Ergänzungen; Ziel des Spiels war es, das richtige Wort zu finden, das den Satz sinnvoll ergänzte. Während der dritten Woche kombinierten die Kinder wieder Bilder und Sätze, um ein weiteres Spiel zu entwickeln. Diesmal waren auf den Spielkarten ein Bild und vier Sätze, von denen jedoch nur einer das Bild richtig beschrieb.

6 Wir wollen uns kennenlernen

Übungen zum Erlernen und Erinnern von Namen

Namen zu lernen ist gar nicht so leicht, besonders am Anfang eines neuen Schuljahres. Das gleiche gilt auch für jede andere neue Gruppe. Die folgenden Übungen können uns helfen, in einer spielerischen, lockeren Atmosphäre die Namen der anderen zu lernen. Die Spiele fördern die Sicherheit aller Beteiligten und unterstützen die Entwicklung eines Gemeinschaftsgefühls. Daher können die Übungen auch immer wieder während des ganzen Jahres durchgeführt werden, obwohl es ihr Hauptziel ist, die Namen zu lernen. Wählen Sie die Übungen oder Variationen, die der Situation am besten entsprechen.

Frage- und Antwort-Spiel

Alle sitzen im Kreis, um die Entwicklung des Gruppengefühls zu unterstützen und damit die jeweils sprechende Person von allen gesehen und beachtet werden kann. Stellen Sie eine einfache, interessante Frage: „Was ist dein Lieblingsnachtisch? Welche Sportart magst du? Was ist deine Lieblingssuppe?" Machen Sie eine Runde, in der alle ihren Namen sagen und die Fragen beantworten. Die Teilnahme sollte freiwillig sein, denn einige haben vielleicht keine Lust, die Fragen zu beantworten. Am Anfang sollten die Fragen nicht zu persönlich sein. Kinder bevorzugen es oft, über außerschulische Dinge zu reden. Bei älteren Teilnehmerinnen und Teilnehmern kann variiert werden, indem auch sie Fragen stellen, die dann von allen beantwortet werden.

Namensspiel mit Gesten

Alle sitzen im Kreis. Der Reihe nach macht jedes Kind, ohne viel zu überlegen, eine Geste und sagt gleichzeitig seinen Namen. Namen und Gesten finden sich in einem bestimmten Rhythmus zusammen. Z.B. Bernd Fischer, während er „Bernd" sagt, hebt er seine Hand. Bei der ersten Silbe von „Fischer" stampft er mit dem rechten Fuß, bei der zweiten Silbe mit dem linken Fuß. Die Gruppe wiederholt danach den Namen und die Geste zweimal. Dann kommt das nächste Kind im Kreis dran. Gesten und Gesichtsausdruck einer Person zusammen mit ihrem Namen helfen, Gesichter und Namen zu verbinden. Das Spiel sollte lebhaft und schnell durchgeführt werden, um die Spontaneität anzuregen. (Aus den Arbeitsmaterialien von *Milan*.)

Namen malen

Alle Anwesenden erhalten Stifte und Papier und werden aufgefordert, ihren Vor- und Zunamen durch ein Bild oder ein Symbol darzustellen, ähnlich wie Drudel. Dafür haben sie ca. 15 Minuten Zeit. Anschließend kommen alle im Kreis zusammen und stellen sich und ihr Bild vor. Die Bilder können danach vielleicht auf einer großen Wandzeitung im Gruppenraum aufgehängt werden. Den Teilnehmerinnen sollten gewisse Hemmungen genommen werden, indem man ihnen sagt, daß es nicht auf Schönheit und Perfektion ankommt. (Aus den Arbeitsmaterialien von *Milan*.)

Erinnern und Wiederholen

Dieses Spiel ist etwas schwieriger. Menschen, die sich schon kennen, fällt es leichter. Der Anfang ist der gleiche wie beim Frage-und-Antwort-Spiel, nur daß jetzt alle alles wiederholen, was die Personen vor ihnen gesagt haben. Wichtig ist, möglichst einfache Fragen zu stellen, z.B. „Was ist dein Lieblingsessen?", so daß auch die letzte Person die Chance hat, sich daran zu erinnern, was die anderen vor ihr gesagt haben. Da es eine Menge Wiederholungen gibt, dient dieses Spiel nicht nur dazu, die Namen zu lernen, sondern auch noch einiges über die Gruppenmitglieder zu erfahren.

Gegenseitiges Vorstellen

Alle sitzen im Kreis. Bitten Sie die Gruppenmitglieder, Paare zu bilden und nacheinander etwas über sich zu erzählen. Achten Sie auf die Zeit und geben Sie nach 2 - 3 Minuten bekannt, daß die Hälfte der vereinbarten Zeit vorbei ist, damit die Rollen gewechselt werden. Anschließend sitzen alle wieder im Kreis und nun stellen sich die Paare gegenseitig vor. Dies sollte möglichst in freiwilliger Reihenfolge geschehen, da es so mehr direkte Teilnahme ermöglicht. Ist das Verfahren zu schleppend, kann man auch eine Runde machen.

Für Gruppen, in denen eine vorgegebene Struktur nötig erscheint, kann auch eine bestimmte Frage gestellt werden, z.B. „Welche drei Din-

ge machst du besonders gerne?" Geben sie der Gruppe eine Minute
Zeit, über die Frage nachzudenken, bevor sie die Paare bilden. Manchmal ist es hilfreich, ein Beispiel zu geben: „Im Sommer reite ich gerne.
Im Winter gehe ich gerne Schlittschuhlaufen". Es ist sicher einfacher,
nur einer Person etwas über sich mitzuteilen, als einer großen, fremden
Gruppe. Das Spiel bietet sich also bei ganz neu gebildeten Gruppen an,
in denen die Teilnehmerinnen vielleicht noch gehemmt sind.

Vorstellen mittels einer Puppe

Dieses Spiel entwickelt sich ganz natürlich, besonders wenn die Kinder
die Puppen selbst hergestellt haben. Die Gruppe sitzt im Kreis und die
Puppe macht die Runde. Jede Teilnehmerin stellt sich selbst oder einen
Nachbarn mittels der Puppe vor. Achten Sie darauf, daß ein gewisses
Spieltempo beibehalten wird. Die Vorstellungsrunde soll in lockerer Atmosphäre ablaufen und Spaß machen. Für jüngere Kinder oder Menschen, die mit Puppen noch keinerlei Erfahrung besitzen, kann dies eine
gute Einführung in das Puppenspiel sein.

Tier-Namensschild

Diese Übung ermutigt, zusammen zu lachen und die anderen auf leichte
Art kennenzulernen, besonders in großen Gruppen. Jede Person erhält
ein Klebeschild mit ihrem Namen oder ein leeres Schild, auf das sie ihren Namen schreiben kann. Bitten Sie die Teilnehmerinnen, außerdem
noch den Namen ihres Lieblingstieres oder eines, das sie mögen, auf
das Schildchen zu schreiben oder das Tier zu malen. Anschließend, wieder im Kreis, nennt jede Person ihren Namen, ihr gewähltes Tier und
sagt, was sie an diesem Tier gerne mag.
Variation: Bitten Sie die Teilnehmer, ein Tier auszuwählen, das ihnen am ähnlichsten ist.

Drei-Fragen-Interview

Dies ist eine Technik, durch die man etwas über die Mitschülerinnen
und Mitschüler lernt und eine besonders positive Übung, um Menschen
miteinander bekannt zu machen. Besonders effektiv ist sie in einer Gruppe von Eltern, Lehrern oder Lehrerinnen, die sich nicht besonders gut
kennen, aber sie eignet sich auch gut für Kinder oder Erwachsene, die
schon recht vertraut miteinander sind. Alle Teilnehmerinnen erhalten
Blätter und Stifte und bilden dann Paare. Dabei sollten sich möglichst

Personen zusammenfinden, die sich noch nicht oder nur wenig kennen. Sie stellen einander drei einfache Fragen, wie z.B. „Welcher Film hat Dir in der letzten Zeit gut gefallen?" oder „Wo würdest Du gerne einmal Urlaub machen?" Wer immer das Interview durchführt, kann sich über die Antworten Notizen machen. Haben beide ihre Fragen beantwortet, suchen sie sich neue Partnerinnen oder Partner und wiederholen den Prozeß. Nach 15 oder 20 Minuten, wenn alle die Chance hatten, mehrere Personen zu interviewen, finden sich sie sich in einem großen Kreis zusammen. Der oder die Moderierende macht die Runde durch den Kreis und sagt bezüglich jeder einzelne Person: „Dies ist .... Was wißt ihr über diese Person?" Daraufhin teilen alle nacheinander den anderen mit, was sie über die jeweilige Person erfahren haben. Dabei können natürlich die Aufzeichnungen zu Rate gezogen werden. Räumen Sie für jede Person genügend Zeit ein, so daß alle einmal drankommen.

Drei-Phasen Ballspiel
Alle sitzen im Kreis und werfen sich einen großen Ball zu.

1. Phase: Jede Person, die den Ball wirft, nennt ihren Namen.
2. Phase: Jede Person, die den Ball wirft, nennt den Namen der Person, zu der sie den Ball wirft.
3. Phase: Jede Person, die den Ball wirft, nennt sowohl den Namen der Person, zu der die Fangende dann den Ball werfen soll als auch den Namen der Person, zu der sie den Ball wirft.

Das Spiel sollte nicht zu schnell gespielt werden, damit sich die Spielenden auch die Namen merken können. Der Moderator oder die Moderatorin entscheidet, wann in die nächste Phase übergegangen werden soll. (Aus den Arbeitsmaterialien von *Milan*.)

7 Lockerer und freier werden

Aktivitäten zum Aufwärmen und zur Belebung nach Anspannungen

In neuen Gruppen sind sowohl Kinder wie Erwachsene oft nervös und unsicher, da sie nicht genau wissen, was auf sie zukommt und wie sie sich zu verhalten haben. Durch Aufwärmübungen, die zum absichtslosen Spiel einladen und uns zum Lachen bringen, läßt sich ein Teil dieser Spannungen abbauen. Außerdem werden Energien in der Gruppe freigesetzt und fördern so Aufmerksamkeit und Wahrnehmungsfähigkeit der Kinder.

Aufwärmspiele können als Kontrast zur Kopfarbeit Gelegenheit geben, einmal etwas einfaches, das Spaß macht, miteinander zu tun. Einige Spiele eignen sich, um Distanz und Barrieren in einer Gruppe abzubauen. Manche lassen sich auch als Vorübung für ernstere Aktivitäten, z.B Theaterspielen, gebrauchen.[1]

Nachahmen

Stellen Sie sich vor der Gruppe auf und bitten Sie die Teilnehmerinnen, Bewegungen und Geräusche, die Sie machen, nachzuahmen. Je verrückter Ihre Mimik und Gesten sind, desto leichter fällt es den anderen, Sie zu imitieren und um so lockerer wird die Atmosphäre. Sobald die Kinder verstanden haben, wie die Übung funktioniert, können auch andere die Vorführrolle übernehmen.

Das Nachahmungsspiel ist eine einfache Aufwärmübung, durch die ein hohes Energie-Niveau hergestellt wird, und das die Gruppenmitglieder gut auf Sketche oder Rollenspiele vorbereitet.

---

1 Anmerkung d. Übers.: Was zum Auflockern dienen soll, muß auch locker eingebracht werden. Wenn sich jemand unter Druck fühlt, unbedingt auch eine phantasievolle Geschichte zu erzählen, läuft nichts mehr. Wahrscheinlich kennen die Kinder selbst viele derartige Spiele. Dann ist es oft effektiver, die Spielangebote aus der Gruppe zu übernehmen. (*Milan*)

Spiegelübung

Die Spiegelübung läßt sich gut an das Nachahmungsspiel anschließen. Hierbei versuchen jeweils zwei Teilnehmerinnen ihre Aktionen simultan zu imitieren. Zuerst gibt die eine Person die Bewegungen vor, danach die andere, aber zum Schluß versuchen sich beide jeweils gleichzeitig aufeinander einzustellen und eigene Bewegung einfließen zu lassen.

Beginnen Sie, indem Sie das Spiel vormachen, dann bitten Sie die Gruppenmitglieder, Paare zu bilden. Achten Sie darauf, daß niemand allein bleibt. Geben Sie allen Beteiligten am Ende Gelegenheit, über Ihre Erfahrungen und Eindrücke zu berichten.

Variation: Eine kleine Gruppe spiegelt eine Person oder eine andere, gleichgroße Gruppe. Es ist wichtig, den Augenkontakt stets aufrecht zu erhalten. Langsamen fließenden Bewegungen ist leichter zu folgen als kurzen und abgehackten. Das Spiel ist außerdem eine hervorragende Kooperationsübung.

41

Rückpraller

Die *Rückpraller*-Übung kann an die *Spiegel*-Übung angeschlossen werden, aber lassen Sie die Paare sich auflösen und abwechseln, damit neue Leute sich kennenlernen und zusammenarbeiten können. Die *Rückpraller*-Übung ermöglicht es, auf Bewegungen und Geräusche des Gegenübers zu reagieren. Eine Person beginnt die Handlung, die eine Kombination von Bewegungen und Geräuschen sein kann, die an der anderen Person „abprallen" und irgendwie verändert zurückkommen. Der Art der Antworten sind hierbei keine Grenzen gesetzt. Der *Rückpraller* ist eine Reaktion, die für die erste Person eine neue Aktion darstellt, auf die sie in unerwarteter Weise mit erneuten *Rückprallern* reagieren kann.

Menschlicher Winkelmesser

Alle Gruppenmitglieder stehen im Kreis und berühren mit den Fingerspitzen ihre Zehen. Während Sie von 1 bis 20 zählen, heben die Teilnehmer langsam ihre Arme, bis sie bei 20 senkrecht in die Höhe gestreckt sind. Erklären Sie vorher, daß alle sich merken sollen, an welcher Stelle sich die Hände bei welcher Zahl befinden.

Jetzt rufen Sie willkürlich Zahlen zwischen 1 und 20 auf, und die Gruppe nimmt jeweils die dazugehörige Position ein. Diese belebenden Spiele sind bei Kindern sehr beliebt. Sie fördern Gemeinschaftsgefühl, weil alle das gleiche gemeinsam tun.

Für sehr kleine Kinder (1. und 2. Schuljahr) kann dieses Spiel auch zum Lernen der Zahlen benutzt werden. Nennen Sie es dann Eins-bis-zehn.

Eins-bis-zehn-Rechenspiel

Eine Variation des *Menschlichen Winkelmessers.* – Statt Nummern aufzurufen, rufen Sie einfache Rechenaufgaben, z.B. „10 minus 2". Die Gruppe antwortet „8" und nimmt diese Position ein. Sie können bei diesem Spiel frei auswählen, in welchem Zahlenbereich es gespielt wird. Rechenstunden machen so mehr Spaß, außerdem unterstützt das Spiel den Prozess der Gruppenbildung. Lassen Sie die Funktion, die Aufgaben zu stellen, unter den Teilnehmenden rotieren.

Lebendige Uhr

Ein Kind zeigt mit den Armen als Stunden- und Minutenzeiger die Uhrzeit an. Einige unterscheiden, um welche Uhrzeiger es sich handelt, die anderen raten, wie spät es gerade ist. Ein spannendes Spiel, durch das Kinder lernen, mit der Uhr vertraut zu werden und selbst zu erkennen, wie spät es ist.

Masken weitergeben

ist eine Aufwärmübung, die hilft, sich beim Pantomime- oder Sketchespielen ganz entspannt zu fühlen. Sie macht in jedem Alter viel Spaß, jüngeren Kindern vielleicht ganz besonders. Bilden Sie einen Kreis und machen Sie einen ungewöhnlichen Gesichtsausdruck oder gar eine Fratze. Dann überreichen Sie diesen Ausdruck an die neben ihnen stehende Person, die versucht, das Gesicht nachzuahmen und es dann in einen anderen Ausdruck verändert. Diese Person gibt dann den neuen Gesichtsausdruck an die nächste Person weiter, bis jede Person einmal dran war.

Manche Gruppenmitglieder sind zu Anfang vielleicht etwas gehemmt. Dies ist wahrscheinlich öfter bei Jugendlichen oder Erwachsenen der Fall.

Hermann-Hermine

Diese Übung schließt gut an das *Masken weitergeben* an, da sie auch im Kreis abläuft und etwas komplizierter ist. Ziehen Sie *Hermann* oder *Hermine* – einen gedachten Klumpen Ton oder Modelliermasse – aus der Tasche und modellieren sie pantomimisch ein Objekt. Es sollte nicht zu schwierig sein, das gedachte Objekt zu identifizieren, damit die Gruppenmitglieder das Geschehen verstehen und mitmachen können. Meistens ist es gar nicht nötig, darauf hinzuweisen, daß geraten werden soll, was jede Person modelliert. Durch die natürliche Neugierde kommt das Raten fast immer automatisch in Gang. *Hermann* oder *Hermine* still und respektvoll vorzustellen, schafft oft eine gewisse magische Atmosphäre, auf die sich gerade Kinder mit ihrer Vorliebe für Zauberwelten sehr gerne einlassen.

Auch wenn die Kinder gerne eine zweite oder dritte Runde möchten, ist es empfehlenswert, abzubrechen, wenn alle dran waren. Wird ein Spiel auf seinem Höhepunkt abgebrochen, ist eine Menge positiver Energie für das nächste Spiel vorhanden. Hat während der ersten Runde nicht jede Person teilgenommen, sollten sie zum Schluß noch eine Chance erhalten.

Pantomime mit Gegenständen

Nehmen Sie einen konkreten Gegenstand, z.B. einen Besen, und benutzen Sie ihn pantomimisch, um etwas anderes darzustellen: eine Gitarre, ein Pferd, eine Geige etc. Dann geben Sie den Gegenstand im Kreis weiter und lassen die Teilnehmerinnen etwas darstellen. Kinder haben dabei oft eine endlose Phantasie. Es macht Spaß, die dargestellten Gegenstände zu erraten und das Spiel wirkt für die Darsteller bestärkend.

Besonders jüngere Kinder lieben dieses Spiel sehr. Achten Sie darauf, daß Sie einen Gegenstand wählen, der viele Möglichkeiten bietet.

Berufe darstellen

Die Teilnehmerinnen stellen nacheinander pantomimisch einen Beruf dar, während die anderen erraten müssen, um was es sich handelt.

Demonstrieren Sie das Spiel lieber, anstatt es mit Worten zu erklären. Die Übung fördert das Selbstvertrauen und das Gruppengefühl, da alle Aufmerksamkeit immer auf eine Person konzentriert ist. Jüngere Kinder lernen so verschiedene Berufe kennen und erweitern ihren Wortschatz.

Was für ein Laden ist das?

Diese Pantomimeübung ist schon etwas schwieriger. Geben Sie den Teilnehmerinnen etwas Zeit, sich einen Laden (Bekleidungsgeschäft, Supermarkt, Spielzeugladen ...) auszudenken. Der Reihe nach werden die Ideen dann pantomimisch vorgeführt. Das Erraten macht gerade Kindern viel Spaß und paßt auch gut zum *Gemeinsamen Malen eines Ladens* sowie zu einer Einheit über Läden und Berufe.

Herausforderungs-Pantomime

ist ein weiteres schwieriges Spiel, aber besonders beliebt bei älteren Kindern. Bitten Sie darum, daß sich jemand in die Mitte des Kreises begibt und beschreiben Sie eine schwierige Situation: „Es ist 40 Grad im Schatten und du hast ein riesiges Hörnchen mit Eis und Sahne in der Hand" oder „Du stapfst durch 50 cm hohen Schnee und hast eine volle Tasse heißen Kakao in der Hand" oder „Du gehst durch einen langen Flur, plötzlich ist der ganze Boden voller Glasmurmeln".

Führen Sie diese Übung erst ein, nachdem mit einigen leichteren Pantomime-Übungen Erfahrungen gemacht wurden.

Geräusche imitieren und weitergeben

eignet sich gut zur Auflockerung und Gemeinschaftsbildung. Ein Kind aus dem Kreis beginnt und gibt einen Ton von sich oder macht ein Geräusch. Das nächste imitiert genau diesen Ton und reicht ihn weiter, bis er einmal die Runde gemacht hat. *Geräusche imitieren* kann auch so gespielt werden, daß jemand vor der Klasse steht, Geräusche macht und diese von allen gemeinsam, wie im Chor, imitiert werden.

Geräusche verändern und weitergeben

Diese Übung ist ähnlich wie *Masken weitergeben* und fördert die gegenseitige Bestätigung und das Zusammenwachsen der Gruppe. Eine Person im Kreis beginnt und macht einen Ton oder ein Geräusch. Der Nachbar oder die Nachbarin imitiert den Ton, verändert ihn beliebig und gibt dann den veränderten Ton weiter. Dies geht solange, bis alle einmal dran waren.

Geräusche erraten

Nacheinander machen alle Gruppenmitglieder im Kreis einen Ton oder ein Geräusch, während die anderen raten müssen, was es bedeutet. Die Art der Übung ist ähnlich wie *Hermann-Hermine* oder *Pantomime mit Gegenständen* und kann auch in Unterrichtseinheiten über Geräusche in der Natur oder Übungen im Zuhören verwendet werden. Es hilft den einzelnen Kindern noch mehr, wenn dabei jedes Kind einmal in der Kreismitte oder vor der Klasse stehen kann. Zur Überwindung von Hemmungen kann die Übung auch mit geschlossenen Augen durchgeführt werden.

Die leichten Flotties
– für Erholung und Tempowechsel

Im Philadelphia-Programm „Gewaltlosigkeit und Kinder" werden die folgenden Übungen *Die leichten Flotties* genannt. Sie sind meist kürzer als Aufwärmaktivitäten und ideal geeignet für die Zeit nach Diskussionen oder wenn die Kinder eine lange Zeit stillsitzen mußten. Es sind freundliche, gemeinschaftsbildende Spiele, die Gelächter und Spaß verursachen. Entnommen wurden sie dem hervorragenden Handbuch „For the fun of it" von Marta Harrison.

Brrromm und Quiietsch

ist ein Spiel für große Gruppen im Kreis, das sehr zum Lachen anregt. Stellen Sie sich das an- und abschwellende Geräusch eines vorbeisausenden Rennwagens vor – Brrromm! Beginnen Sie, indem sie *Brrromm* sagen und ihren Kopf schnell von links nach rechts bewegen. Die Person auf der rechten Seite gibt das *Brrromm* weiter, bis es den gesamten Kreis durchlaufen hat. Jetzt erklären Sie, daß das Wort *Quiietsch* das Auto zum Stoppen bringt und die Richtung wechseln läßt. Sobald jemand *Quiietsch* sagt, geht das *Brrromm* in entgegengesetzter Richtung den Kreis herum. Zu Anfang kann es hilfreich sein, nur ein *Quiietsch* pro Person zuzulassen. Das verhindert, daß das *Quiietsch* und *Brrromm* in einer Region des Kreises hängenbleiben. Später können Sie die Regel wieder außer Kraft setzen und die Verantwortung für eine gleichmäßige Verteilung unter Hinweis auf die nötige Kooperation an die Gruppenmitglieder zurückgeben. Wenn die Gruppe nicht zu groß ist, kann das Spiel solange fortgesetzt werden, bis jede Person die Möglichkeit hatte, einmal *Quiietsch* zu sagen oder alle, die noch nicht damit dran waren, es zusammen im Chor tun.

Zip-Boing-Kaboidel

Ähnlich wie *Brrromm und Quiietsch*. Die erste Person sagt schnell *Zip* und dreht sich dabei der rechts sitzenden Person zu, die das Wort ihrerseits zur nächsten Person weitergibt usw. bis jemand im Kreis *Boing* sagt. Jetzt läuft das *Zip* im Kreis in die andere Richtung zurück. Wenn das *Zip* im Kreis mal nicht vorankommt, weil zuviele *Boings* es aufhalten, sagt jemand *Kaboidel*. Dann muß das *Zip* eine ganze Runde zurücklegen, bevor es wieder erlaubt ist, *Boing* zu sagen. Variation: Man kann auch dabei aufstehen, wenn man *Zip* sagt, die Arme heben oder irgendetwas anderes machen. (Aus den Arbeitsmaterialien von *Milan*.)

Elefant oder Palme

Alle stehen im Kreis. Die Person in der Mitte zeigt auf jemanden und ruft entweder *Elefant* oder *Palme*. Um einen *Elefanten* darzustellen, beugt sich ein Kind nach vorne, verschränkt die Hände und schwingt mit den Armen wie mit einem *Elefantenrüssel*. Die davon links stehende Person streckt den linken Ellbogen in die Höhe und faßt mit der linken Hand an den eigenen Kopf, um das *linke Elefantenohr* darzustellen. Die rechtsstehende Person stellt so das *rechte Elefantenohr* dar. Das alles muß zur gleichen Zeit geschehen. Um eine *Palme* zu spielen, reckt man die Hände hoch über den Kopf. Die Mitspielerinnen oder Mitspieler an den beiden Seiten bilden die *Palmwedel* (die Blätter), indem sie die äußeren Arme vom Körper wegstrecken und die Hände nach unten klappen lassen. Wenn jemand einen Fehler macht oder zu lange zögert, darf das Kind aus der Mitte der Dreiergruppe in die Mitte des Kreises.

Variation: Gorilla. Die mittlere Person macht ein Gorillagesicht, grunzt und schwingt die Arme, die beiden Personen rechts und links kratzen die Körperseiten der Person in der Mitte. Es macht den Leuten viel Spaß, wenn immer wieder neue Versionen ausgedacht werden. (Aus den Arbeitsmaterialien von *Milan*.)

Menschliches Puzzle

Machen Sie eine große Fläche in der Mitte des Raumes frei. Die erste Person legt sich auf den Boden, die Arme und Beine irgendwie von sich gestreckt. Dann legen sich die anderen Zug um Zug in das *Puzzle* hinein, wo sie gerade einen Platz sehen. Liegen alle Gruppenmitglieder auf dem Boden, sollen sie sich merken, wo und wie sie gelegen haben. Dann bitten Sie alle, aufzustehen und eine Weile im Raum umherzugehen. Nach einer Weile versuchen alle, das ursprüngliche *Puzzle* wieder herzustellen.

Das Spiel erlaubt Körperkontakt in zwangloser und unverbindlicher Art und Weise und trägt durch die ausbrechenden Lachanfälle zum Gemeinschaftsgefühl bei.

Knoten-Spiel

Dieses Spiel ist dem *Menschlichen Puzzle* in Ziel und Struktur sehr ähnlich: Alle stehen im Kreis, schließen die Augen und gehen langsam, mit vorgestreckten Armen Richtung Mitte und tasten solange, bis jedes Kind zwei Hände hält. Nachdem die Augen geöffnet sind, versucht die Gruppe gemeinsam, den Knoten zu entwirren, ohne loszulassen.

Es wird nicht immer ein Kreis dabei herauskommen, es können auch zwei oder mehrere Kreise werden oder es kann eine Schleife innerhalb eines Kreises entstehen.

Variation: Auflösung des Knotens ohne zu sprechen.

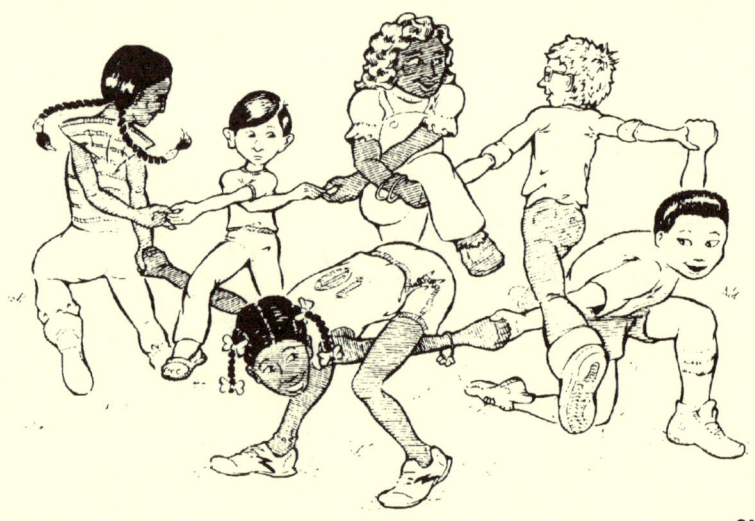

Berühre Blau !

Die Gruppe verteilt sich im Raum. Jetzt geben Sie schnell hintereinander verschiedene Kommandos, z.B. „Berühre Blau !". Die Teilnehmerinnen müssen jetzt alle etwas Blaues an einer anderen Person anfassen. Dieses Spiel führt zu körperlichem Kontakt und kann immer wieder gespielt werden. Es hat endlose Variationen, z.B. jede Person berührt ein Knie mit dem Ellenbogen, faßt eine Sandale an, berührt einen Bart, eine Armbanduhr oder etwas anderes. Schnell spielen!

Das ist eine Umarmung – Was ist das?

Person A sagt zu ihrer rechten Nachbarin, Person B, „Das ist ein Umarmung" und umarmt B. Person B fragt, „Was ist das?" Worauf Person A antwortet: „Eine Umarmung" und es nochmal vormacht. Nun sagt Person B zu ihrer rechten Nachbarin, Person C, „Das ist eine Umarmung" und umarmt C. Worauf diese fragt: „Was ist das?" Person B fragt weiter Person A: „Was ist das?" Worauf Person A antwortet: „Eine Umarmung" und es B vormacht. Person B gibt die Antwort weiter an Person C: „Das ist eine Umarmung" und umarmt C usw. Die Frage „Was ist das?" kommt also immer wieder zurück zur Person A und diese sendet die Antwort zurück zu den gerade Fragenden. In der Zwischenzeit sagt Person A zu ihrer linken Nachbarin: „Das ist ein Händedruck", indem sie ihr die Hand schüttelt. Die linke Nachbarin fragt: „Was ist das?" und Person A antwortet: „Das ist ein Händedruck", usw. links im Kreis herum. Wenn die Umarmung und der Händedruck sich auf der anderen Seite des Kreises treffen, geht es drunter und drüber.

Variation: Statt der Umarmung und des Händedrucks können auch zwei verschiedene Gegenstände (Ball und Kuli etc.) durch die Reihe gegeben werden: „Das ist ein Krokodil" und „Das ist ein Schwein".

(Aus den Arbeitsmaterialien von *Milan*.)

Ha-Ha-Ha

Man braucht eine Menge Platz oder eine schöne warme Wiese. Jemand legt sich hin und die nächste Person legt sich so dazu, daß ihr Kopf auf dem Bauch der ersten liegt. Die dritte legt ihren Kopf auf den Bauch der zweiten usw. Wenn es aufgeht, ist es gut, wenn der Kopf der ersten Person auf dem Bauch der letzten liegt. Jetzt sagt die erste Person „Ha", die zweite „Ha-Ha", die dritte „Ha-Ha-Ha", also immer ein „Ha" mehr. Das Lachen ist ansteckend. (Aus den Arbeitsmaterialien von *Milan*.)

Ich liebe Dich, Süße, kann aber grad nicht lächeln
Für dieses Gelächter produzierende *Leichte Flottie* sitzen die Kinder im Kreis und werden sehr an den „Armen schwarzen Kater" erinnert werden. Jemand beginnt, indem er oder sie das Kind rechts oder links neben sich fragt: „Liebst Du mich, Süße?" Dieses Kind erwidert: „Ja, ich liebe Dich, Süße (oder Süßer), aber ich kann grad nicht lächeln." Das erste Kind versucht dann, das zweite zum Lächeln zu bringen. Das geht reihum, bis die Frage „Liebst Du mich, Süße?" wieder an das erste Kind gerichtet wird, um es zum Lächeln zu bringen.

Verrückte Gesichter, große und kleine
Diese Aktivität löst Spannungen und fordert zu viel Gelächter heraus. – Bitten Sie die Kinder, ihre Gesichter so groß und dann so klein zu machen, wie es geht. Wiederholen Sie das einige Male.

Reinspring-Übung
Bitten Sie die Kinder, auf eine Art in den Kreis zu springen, die ihrem Gefühl entspricht. Anschließend fragen Sie die Beteiligten, wie sie sich dabei fühlten.
Springen sie jeweils einzeln in den Kreis, trägt es zur Selbstbestätigung bei, springen sie alle zusammen rein, wird das Gemeinschaftsgefühl dadurch unterstützt

Übungen zur Gemeinschaftsbildung

Lernen zu Kooperieren

8

In unserer im Konkurrenzdenken verhafteten Gesellschaft haben Kinder (und auch Erwachsene) nur selten Gelegenheit, erfolgreich kooperatives Verhalten auszuprobieren. Die folgenden Kooperationsübungen bieten ihnen die Gelegenheit, durch eine bestimmte Struktur zusammen auf ein gemeinsames Ziel hinzuarbeiten. Mit Kooperationsübungen wird eine positive Gruppenatmosphäre erzeugt, das Selbstbewußtsein einzelner Gruppenmitglieder gestärkt und persönliches Wachstum ermöglicht. In einer kooperativen Umgebung können kreative Konfliktlösungen ermöglicht werden. Wie bei allen anderen Aktivitäten soll auch hier jedes Gruppenmitglied die Chance haben, teilzunehmen und den Beiträgen der anderen mit Respekt begegnen.

Kooperatives Zeichnen in Gruppen

Die folgenden Übungen zeigen, daß Zeichnungen, die von Kindern gemeinsam hergestellt werden, mindestens so interessant sein können wie die, die sie alleine anfertigen. Bei allen folgenden Übungen sollten Sie die Kinder zur Kooperation ermutigen, nicht nur beim Zeichnen selbst, sondern auch beim Entscheidungsprozeß darüber, was es werden soll. Regen Sie die Kinder dazu an, vor Beginn ihre Ideen auszutauschen. Benutzen Sie große Papierbögen und betonen Sie, daß die Zusammenarbeit hierbei wichtiger ist als das Endprodukt. Die Übungen fördern auch die Selbstachtung der Kinder, wenn die Bilder vor der gesamten Klasse gezeigt werden und sie positive Rückmeldungen erhalten.

Gemeinschaftliches Zeichnen an der Tafel

Wählen Sie ein geeignetes Motiv, z.B. die Nachbarschaft der Schule. Vor dem Beginn sollten Sie einige Grundregeln erklären:

* Zeichne Deinen Gegenstand immer in einem angemessenen Größenverhältnis zu den anderen Gegenständen.
* Nicht mehr als fünf Kinder zur gleichen Zeit an der Tafel.

* Überlege Dir vorher, was Du malen willst, damit die anderen, die nach Dir kommen, nicht so lange warten müssen.

Wenn die Zeichnung fertig ist, kann die gesamte Klasse sie sich anschauen, darüber reden und vielleicht erzählen, wie es war, daran zu arbeiten. Stellen Sie Fragen wie z.B. „Sieht jemand einen Teil, der verändert oder ergänzt wurde?"

Gemeinsames Zeichnen einer einsamen Insel
Bitten Sie die Kinder über folgende Frage nachzudenken: „Wenn Du auf einer einsamen Insel wärest, welche Dinge sollten dann möglichst dort sein?" Bilden Sie kleine Gruppen, in denen die Kinder über ihre Anworten reden können. Dann sollen die Kinder je einen Gegenstand auswählen, den sie zeichnen wollen und gemeinsam entscheiden, wie die verschiedenen Gegenstände auf dem Blatt Papier angeordnet werden sollen. Wenn alle fertig sind, fragen Sie noch einmal, ob noch irgendetwas ergänzt werden soll. Die Kleingruppen können jetzt ihre Zeichnungen den anderen Gruppen vorstellen. Geben Sie den Kindern zur gegenseitigen Bestätigung Gelegenheit zu sagen, was ihnen an den Zeichnungen der anderen gefällt.

Gemeinsames Zeichnen eines Häuserblocks
Dies kann sowohl an der Tafel wie auch in kleinen Gruppen auf Papier geschehen. Fragen Sie die Kinder, wie ihrer Meinung nach ihr Häuserblock aussehen sollte. In kleinen Gruppen sprechen die Kinder zuerst über ihre Ideen und entscheiden dann gemeinsam, was gemalt werden soll. In großen Gruppen verfahren Sie so, wie es in *Gemeinschaftliches Zeichnen an der Tafel* auf Seite 51 erklärt ist.

Gemeinsames Zeichnen eines Ladens
Diese Übung eignet sich sowohl für große wie auch für kleine Gruppen. Stellen Sie die folgenden Fragen, um die Kinder zum Zeichnen anzuregen:

* Welche Art von Laden möchtest Du gerne zeichnen?
* Kann der Laden leicht von einer Gruppe gezeichnet werden?
* Welche einzelnen Teile oder Abteilungen hat Dein Laden?
* Welchen Teil möchtest Du gerne zeichnen?

Nachdem die Ideen ausgetauscht wurden, lassen Sie die Kinder beginnen. Sie können diese Übung in Zusammenhang mit dem Pantomimespiel *Was für ein Laden ist das?* machen oder in einer Unterrichtseinheit über Läden, Einkaufen und Berufe.

Gemeinsames Monster–Basteln

ist eine Zeichenübung, die ermutigt, blühende Phantasien zu Papier zu bringen. Die beste Gruppengröße hierfür sind 5-6 Kinder. Die Figuren, die die Kinder herstellen sollen, können Monster, Außerirdische, Tiere, die es damals nicht bis in die Arche Noah geschafft haben, oder Phantasiegestalten sein. Sagen Sie den Kindern, daß sie nicht für ihre künstlerische Leistung beurteilt werden, so daß sie wissen, daß es nichts Falsches an ihren Zeichnungen geben kann. Je schrecklicher das Monster, desto besser. Es gibt verschiedene Möglichkeiten, die Kinder wählen zu lassen, welchen Körperteil sie malen und basteln wollen. Der schnellste Weg ist, Namen aus einem Hut zu ziehen; die Kinder können natürlich die Teile tauschen, wenn sie wollen. Eine größere Herausforderung ist es schon, wenn die Kinder gemeinsam entscheiden sollen, wie sie die Körperteile untereinander aufteilen wollen. Den Kindern die Entscheidung darüber zu geben, welchen Teil sie malen oder basteln wollen, fördert ihre Kreativität. Denken Sie daran, daß ein Monster mehr als einen Kopf und auch vielleicht nur ein Bein haben kann.

Sorgen Sie für genügend bunten Plakatkarton, Buntstifte und Scheren. Heftmaschinen eignen sich am besten dafür, Teile miteinander zu verbinden. Gestalten Sie die Angelegenheit zum Schluß recht dramatisch, indem Sie die Kinder die Augen schließen lassen, wenn die Monster zusammen aufgestellt werden. Beenden Sie die Übung, indem Sie die Kinder erzählen lassen, was ihnen am Monster am besten gefällt oder wie sie sich bei der Herstellung fühlten.

Andere spannende Aktivitäten können sich aus dem *Gemeinsamen Monster-Basteln* ergeben. Die folgende Geschichte illustriert, was eine Klasse aus der Übung machte. An der Grundschule 75 in Manhatten waren der Rektor, Louis Mercado sowie die Lehrerin Louisa Fuentes und der Lehrer Robert Fuentes der Meinung, daß die Zeichnungen für das Monster-Basteln besonders kreativ waren. Die Fuentes brachten ihre beiden Klassen zusammen, um die Übung auszudehnen und die Ausstellung „El Mundo Imaginario" (Die Welt der Phantasie) zu erschaffen.

Einige Schülerinnen und Schüler brachten Ideen von einem Kurs über „Phantasie und Film" ein und überraschten die anderen mit verschiedenen Kreaturen wie Fischen, Vögeln, Schmetterlingen oder auch solchen, die in keine bekannte Kategorie paßten.

Die Kinder wurden dazu angeregt, ihrer Phantasie freien Lauf zu lassen ohne an richtig oder falsch zu denken. Sie diskutierten, was die Monster so besonders oder so eigenartig macht und diese Diskussionen mündeten in ein Aufsatz-Projekt, in dem die Kinder Geschichten über Monster schrieben.

Die Ausstellung von „El Mundo Imaginario" in der Schule faszinierte andere Kinder, die ihrerseits begannen, Monster herzustellen. Einige entschieden sich, einen Videofilm zu drehen. Die Idee wurde so begeistert aufgenommen, daß Louisa und Robert Fuentes gemeinsam ihr Konzept niederschrieben. Ihr Buch „A Step Further" enthält eine Reihe von Fotos und Geschichten, die die Kinder geschrieben haben. „El Mundo Imaginario" wurde später im Bone Hollow Arts Center in Accord, New York, ausgestellt.

Zusätzlich zu den Aktivitäten, die in *El Mundo Imaginario* beschrieben sind, können Sie *Geschichtenerzählen* in Ihr Konzept einbeziehen. Die Geschichte könnte z.B. auf Tonband aufgenommen, zurechtgeschnitten und in anderen Klassen vorgeführt werden, oder als Hintergrundmaterial für ein Theaterstück mit und über Monster dienen, das für andere Klassen aufgeführt werden kann.

Schneeflocken

Lassen Sie die Kinder Schneeflocken machen, indem jedes Kind einen Bogen Papier dreimal faltet und schneeflockenähnliche Muster ausschneidet. Wenn alle fertig sind legen sie die einzelnen Schneeflocken zu einer klassengroßen Schneeflocke zusammen. Es ist aufregend, etwas Schönes anzuschauen, zu dem alle beigetragen haben. Eine andere Möglichkeit zur Gestaltung dieser Übung besteht darin, kleine Gruppen zu bilden, die sich darüber verständigen, wie ihre Schneeflocke aussehen soll.

Kooperatives Theaterspielen

Das Gemeinschaftsgefühl kann auch durch Theaterspiele gefördert werden. Diese Spiele unterstützen sogar noch mehr die Entwicklung des

Gruppengefühls als das gemeinsame Malen, da die Kinder auch in Körperkontakt kommen. Sie sind entspannend und beinhalten eine Menge Bewegung und Spaß. Durch diese Übungen wird die Entwicklung einer Atmosphäre von Sicherheit gefördert, in der die Kinder ihre Gefühle offen mitteilen können.

Gruppenpantomime

Die Gruppe sitzt im Kreis, während Sie eine Situation beschreiben, für deren Darstellung die Zusammenarbeit einer großen Gruppe erforderlich ist. Zum Beispiel braucht eine Pantomime über den Hauptbahnhof während der Hauptverkehrszeit eine gute Kooperation, um den Eindruck von Überfüllung zu erwecken. Ein anderes Beispiel wäre die Darstellung einer Szene auf der Schlittschuhbahn.

Berufepantomime in Gruppen

Teilen Sie die Kinder in kleine Gruppen ein und geben Sie ihnen die Aufgabe, vor der gesamten Klasse einen Beruf darzustellen. Alle werden in die Entscheidung, welcher Beruf dargestellt werden soll und wer welchen Part übernimmt, mit einbezogen. Wenn die Pantomime fertig ist, wird sie den anderen vorgeführt, die dann raten müssen, um welchen Beruf es sich handelt. Diese Übung paßt gut zu einer Unterrichtseinheit zum Thema *Berufe*.

Zimmer einrichten

Diese Übung klappt recht gut, wenn die Kinder schon Erfahrung mit anderen, einfacheren Formen von Pantomime gesammelt haben. Am Anfang markieren Sie die Grenzen und die Türen eines imaginären Raumes. Die Kinder müssen durch diese Tür gehen, wenn sie den Raum betreten wollen. Jedes Kind stellt pantomimisch einen Gegenstand dar und plaziert ihn im Raum, während die anderen ihn erraten müssen. Alle merken sich gut, wo sich welcher Gegenstand befindet, damit nicht zwei Gegenstände auf dem gleichen Platz stehen. Es können auch Gegenstände ergänzt werden, z.B. Blumen in eine Vase gestellt oder Essen in einen Kühlschrank getan werden. Wenn alle an der Reihe waren, versuchen sie gemeinsam noch einmal alle vorhandenen Gegenstände zu benennen.

Kooperative Blumengruppe

Kann in großen oder kleinen Gruppen gespielt werden. Einige Kinder kreieren Phantasieblumen, indem sie sich zueinander gruppieren, um Blumen darzustellen. Andere können raten, um welche Blume es sich handelt, können sie fotografieren oder Bilder davon zeichnen. Das Ziel der Übung ist, gemeinsam etwas Wunderschönes zu erschaffen.

Kooperatives Buchstabieren

Ziel dieses Spiels ist es, Wörter zu buchstabieren, wobei die Kinder die einzelnen Buchstaben darstellen. Die Kinder können sich dafür hinstellen, aber lustiger und einfacher ist es, wenn sie sich auf den Boden legen können. *Kooperatives Buchstabieren* ist eine Aktivität entweder für die gesamte Klasse oder für eine Gruppe, die Wörter darstellt, die dann von einer anderen Gruppe erraten werden. Dies ist auch eine spannende Art, das Buchstabieren zu lernen. Hier wird z.B. PEA, das englische Wort für Erbse, dargestellt.

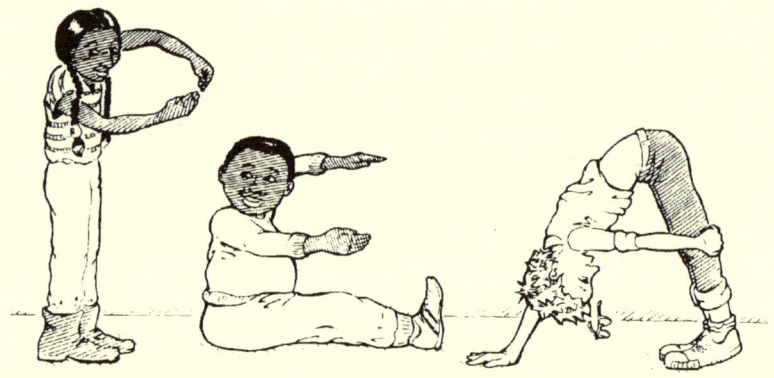

Maschinen bauen

Ein Spiel für große wie für kleine Gruppen. Bei einer kleinen Gruppe beginnen Sie am besten mit der Demonstration einer aus Menschen gebauten Maschine, z.B. einer Waschmaschine, die von zwei Personen dargestellt wird, während eine dritte Person sich innen als Wäsche bewegt. Neben der Darstellung z.B. einer Schreibmaschine, einer Autowaschanlage oder eines Mixers kommen bestimmt noch viele andere Ideen von den Kindern. Nach der Demonstration lassen Sie kleine Gruppen bilden und die Kinder eine Maschine darstellen, die die anderen Gruppen erraten müssen.

Folgendes sollten die Gruppen vorher bedenken:

* Welche Maschine wollen wir darstellen?
* Können wir diese Maschine mit der Gruppe darstellen?
* Aus welchen Teilen besteht die Maschine?
* Welcher Teil möchtest Du sein?
* Ist die Maschine komplett?

Geben Sie den Kindern genügend Zeit für Proben. Diese Übung unterstützt sowohl den Gruppenbildungsprozeß als auch die Stärkung des Selbstvertrauens für die „Erfinderinnen" und „Erfinder" der Maschinen.

Mit einer großen Gruppe kann dies eine sehr belebende Übung sein, die die Einheit der Klasse unterstreicht. Beginnen Sie mit den Worten: „Wir bauen jetzt eine Maschine, in der wir alle einen Teil darstellen. Wenn Du eine Lücke siehst, in die Du passen könntest, stell' Dich dazu und mach' einen Ton, ein Geräusch und eine Bewegung oder beides." Die Übung ist gut für die Vertrauensbildung und die Entwicklung eines positiven Gefühles zu sich selbst und zu den anderen.

Ein-Wort-Geschichten erzählen

Dies ist ein kooperatives Spiel für große Gruppen. Jemand beginnt eine Geschichte und sagt ein Wort, eben das erste. Die nächste Person fügt ein Wort hinzu, usw. immer im Kreis herum. Dieses kurze und lustige Spiel regt Kinder dazu an, miteinander zu kooperieren, indem sie Wörter wählen, an die leicht anzuschließen ist.

Geschichtenerzählen

Dieses Spiel eignet sich gut dafür, in großen Gruppen ein positives Gemeinschaftsgefühl zu entwickeln. Fangen Sie die Geschichte an: „Es waren einmal ein Mädchen und ein Junge, die spazierten auf einer langen, langen Straße. Das Mädchen hatte einen Korb in der Hand ...“ Klatschen Sie in die Hände und zeigen sie auf ein Kind, das die Geschichte fortsetzen soll. Wenn niemand weiß, wer nach ihm oder ihr drankommt, ist die Spannung in der Runde natürlich größer als nur reihum zu gehen. Manche Kinder können auch öfter als einmal aufgerufen werden. Wenn Zeit genug ist, sollten Sie Sorge tragen, daß alle einmal drankommen. Die Geschichte kann realistisch oder aus der Märchenwelt sein; in jedem Falle sollte es schnell vorangehen. Je mehr Kinder in der Gruppe sind, desto kürzer sollten die einzelnen Beiträge sein.

Überraschungstüten-Theater

Dabei handelt es sich um ein Kooperationsspiel für kleine Gruppen. Vor dem Spiel sollten sie eine Reihe von Papiertüten vorbereiten, die mit verschiedenen Gegenständen gefüllt werden, die nichts miteinander zu tun haben. Jede Gruppe erhält eine Papiertüte, für jedes Gruppenmitglied ist ein Gegenstand in der Tüte. Jedes Kind nimmt nun, ohne hinzusehen, einen Gegenstand aus der Tüte. Wenn alle Kinder ihr Teil genommen haben, improvisieren sie einen kurzen Sketch, in dem alle Gegenstände vorkommen sollen. Es hat sich bewährt, der Klasse zu Anfang ein kurzes Beispiel vorzuführen. Wenn die Kinder mit der Vorbereitung fertig sind, führen sie ihre Sketche der Klasse vor. Im Anschluß können sie darüber reden, wie sie ihr Stück gemacht haben, oder sie können ein Stück auf Video aufnehmen und nochmals vorspielen, um ein Gespräch über den Prozeß der Kooperation anzuregen.

Gruppenkooperation

Bei diesen Übungen kooperieren die Kinder, um gemeinsam etwas Besonderes zu entwickeln. Die Kinder lernen, daß sie auf ihre persönlichen Beiträge stolz sein können und entwickeln dabei ein Zusammengehörigkeitsgefühl durch das gemeinsame Ziel, das sie verbindet.

Gemeinsam erstellter Obstsalat
Die Kinder stellen gemeinsam einen Obst-Salat her, der anschließend zusammen verzehrt wird. Bitten Sie jedes Kind, ein paar Früchte mitzubringen, oder teilen Sie jedem Kind eine spezielle Frucht zu. Sie können auch die Kinder wie beim Turnen abzählen lassen, wer welche Frucht mitbringen wird: 1, 2, 3 = Apfel, Birne, Orange, 4, 5, 6 = Pfirsich, Banane, Melone, usw. Vergessen Sie nicht die Schälchen und die Löffel. Diese Aktivität kann auch zur Aufbesserung der Klassenkasse, für ein Schulfest oder als Geschenk für eine andere Klasse durchgeführt werden.

Gemeinsam erarbeitetes Geräuschetonband
Bitten Sie die Kinder, sich interessante Geräusche für ein Geräuschetonband auszudenken. Jedes Kind darf ein Geräusch auf Band aufnehmen, z.B. einen tropfenden Wasserhahn, Verkehrslärm, die Schulglocke, ein Händeklatschen, eine Sirene, einen Pfeifton ... Lassen Sie die Kinder beim Aufzeichnen in Paaren zusammenarbeiten. Zum Schluß werden die Bänder in der Klasse vorgespielt und die Geräusche erraten. Die Übung paßt recht gut in den naturwissenschaftlichen Unterricht. Es kann auch ein einzelnes Geräuscheffekte-Tonband mit den Beiträgen Einzelner oder von Zweiergruppen angefertigt werden. Die Bänder können zu einer Diskussion über Klänge und Geräusche und ihre Unterschiede führen.

Gemeinsam erstellte Dia-Show
Sammeln Sie alte Dias, die niemand mehr haben will. Mit Flüssigbleiche können sie die Farbe entfernen: Dias mit Plastikrahmen können sie in die Bleiche tauchen, bei Papprahmen nehmen Sie einen weichen Lappen zum Abwischen. Geben Sie jedem Kind ein blankes Dia und feine Filzstifte. Bitten Sie die Kinder, die Dias zu bemalen und ihren Namen auf den Rahmen zu schreiben. Stellen Sie die Dias zusammen und fertig ist die Dia-Show. Kleine Gruppen älterer Kinder schreiben vielleicht sogar ein kurzes Stück oder unterlegen die Dia-Show mit Musik. Anschließend kann die Dia-Show anderen Klassen vorgeführt und ihnen gezeigt werden, wie man seine eigene Dia-Show machen kann. Diese Übung stärkt das Selbstbewußtsein und fördert die Kooperation.

Gemeinsames Bauen mit Bauklötzen

Ein gutes Spiel für kleine Gruppen. Es gibt zwei Grundregeln:

* Jedes Kind entscheidet mit, was gebaut werden soll.
* Jedes Kind trägt etwas zur Konstruktion bei.

Lassen Sie die Kinder kleine Gruppen bilden, um gemeinsam mit Bauklötzen etwas zu bauen. Wenn die verschiedenen Gruppen ihre Gebilde fertiggestellt haben, kommen alle zusammen, um die Konstruktionen der anderen anzuschauen und darüber zu sprechen. Ältere Kinder können anschließend darüber diskutieren, wie sie zusammen gearbeitet haben. Bei dieser Übung ist es hilfreich, eine Gespächshelferin oder einen Gesprächshelfer in jeder Gruppe zu haben.

Weitere Kooperationsübungen für Gruppen

Im Folgenden sind noch einige fröhliche Spiele aufgeführt, die Kinder in größeren Gruppen spielen können. Sie unterstützen den Gruppenbildungsprozeß, machen Spaß und sind eine positive Erfahrung für die Kinder.

Gewitterregen

ist ein Spiel im Kreis, bei dem die Kinder die Geräusche des Gewitterregens nachahmen. Der Spielleiter oder die Spielleiterin steht vor einem Kind im Kreis und reibt beide Hände gegeneinander. Das Kind ahmt dies nach und so geht es den ganzen Kreis herum, ein Kind nach dem anderen reiht sich in Bewegung und Geräusch ein. Die Kinder setzen das Händereiben fort, während die Spielleiterin in der Mitte eine zweite Runde macht und jetzt mit den Fingern schnippt. Während sie die Kinder eins nach dem anderen anschaut, wechseln sie auch zum Fingerschnippen über. Bei der nächsten Runde wird sich auf die Oberschenkel geklatscht und der Höhepunkt des Sturms ist erreicht, wenn auch noch die Füße stampfen. Zuerst hatte der Wind in den Blättern geraschelt, der Regen hat begonnen, ist stärker geworden, und jetzt tobt das ganze Gewitter. Nun legt sich der Sturm wieder, das Stampfen hört auf, in der nächsten Runde ebbt das Schenkelklopfen ab, dann schnippen nur noch die Finger und zum Schluß wird auch das Blätterrauschen immer leiser, bis gar nichts mehr zu hören ist.

Gemeinsames Musizieren

Das gemeinsame Musizieren macht mit den selbstgemachten Instrumenten den größten Spaß (S. Kapitel 12). Bilden Sie mit den Kindern einen Kreis und geben sie jedem Kind ein Instrument. Wählen Sie ein Kind aus, das dirigiert und erinnern Sie die anderen Kinder daran, daß im Orchester alle auf den Dirigenten oder die Dirigentin achten. Das Kind mit dieser Funktion zeigt auf ein anderes Kind, das dann zu spielen anfängt. Sobald sich ein Rythmus eingestellt hat, zeigt das dirigierende Kind auf das nächste, das dann in das Spiel einstimmt. So geht es weiter, bis alle im Kreis beteiligt sind. Wenn die Stimmung kooperativ und ernsthaft ist, kann die Musik bemerkenswert gut und bestärkend sein. Manchmal macht es den Kindern soviel Spaß, daß sie gar nicht mehr aufhören wollen. Dies kann eine gute Gelegenheit sein, zur Abwechslung mal das eine oder andere Kind zu einem Solo oder zwei zu einem Duett aufzufordern. Das dirigierende Kind kann ebenso eingreifen, um bestimmte Instrumente miteinander zu kombinieren.

Schnitzeljagd

ist ein Spiel, das die Kooperation in kleinen Gruppen fördert. Stellen Sie eine Reihe von Päckchen mit unterschiedlichen Utensilien und Gebrauchsanweisungen zusammen. Diese werden dann in verschiedenen Teilen der Schule versteckt, z.B. in der Bücherei, im Speisesaal, in der

Turnhalle. Auf jeden Fall müssen die anderen Lehrerinnen, Lehrer und ggfs. die Schulleitung von dem Spiel vorher in Kenntnis gesetzt werden. Nun schicken Sie die Schülerinnen und Schüler in kleinen Gruppen aus, die Päckchen zu suchen und den darin enthaltenen Instruktionen zu folgen. Einige Vorschläge für die zu erledigenden Aufgaben:

* Stellt Euch vor, es ist ein regnerischer Tag. Malt ein Bild davon, was ihr als Gruppe gerne tun würdet.
* Macht ein paar Puppen aus Papiertüten und überlegt Euch einen kurzen Sketch.
* Konstruiert etwas gemeinsam aus diesen Bauklötzen.
* Teilt diese Plätzchen untereinander auf.
* Erfindet eine Geschichte, zu der jedes Kind etwas beitragen soll.

Am Schluß des Spiels kann eine Überraschung für alle stehen oder es ist noch Zeit, um zu erzählen, was die einzelnen Gruppen getan haben. In jedem Falle ist es entscheidend, darauf hinzuweisen, daß die Zusammenarbeit wichtiger ist als das Gewinnen der Schnitzeljagd.

Magisches Mikrophon

Dies ist eine Übung zur Schulung des Diskussionsverhaltens. Wählen Sie einen Gegenstand, der groß genug ist, um gesehen und klein genug ist, um in der Runde weitergereicht zu werden. Dieser Gegenstand ist jetzt das magische Mikrophon. Wer immer den Gegenstand gerade hat, darf sprechen. Es ist die ganz besondere Zeit dieses Kindes, etwas zu sagen. Die Kinder lernen zu kooperieren, da sie darauf achten müssen, wann und wem das magische Mikrophon weiterzureichen ist. Dabei ist es wichtig, das Mikrophon mit Respekt zu behandeln.

Kreissitzen mit Musik

Die Kinder stehen hintereinander im Kreis und halten sich an den Hüften. Solange die Musik spielt, bewegen sie sich langsam im Kreis. Sobald die Musik stoppt, setzt sich jedes Kind auf den Schoß des Kindes hinter sich. Bei guter Kooperation hat jedes Kind einen bequemen Sitzplatz. Wenn sie zu ungestüm sind oder andere am Sitzen hindern wollen, fällt der ganze Kreis auseinander. In der Regel spielen Kinder dieses Spiel sehr gerne und bemühen sich, den Kreis intakt zu halten.

Smarties-Spiel

Die Beteiligten sitzen im Kreis, möglichst an einem großen Tisch. Unter dem Tisch wird eine Schale mit Schokolinsen herumgegeben. Alle haben 2 Schokolinsen als Grundstock erhalten, und für jedes Kind sind 2-3 weitere Schokolinsen in der Schale. Jeder darf sich soviel Linsen aus der Schale nehmen, wie er möchte oder auch welche hineinlegen. Am Ende der Runde wird der in der Schale verbliebene Rest von der „Bank" verdoppelt und die Schale geht wieder auf die Reise, diesmal in entgegengesetzter Richtung. Das Spiel ist beendet, wenn die Schale leer zurückkommt oder die „Bank" keine Linsen mehr hat. Um das Spiel noch spannender zu machen, kann vereinbart werden, daß in der ersten Runde nicht miteinander kommuniziert werden darf. Ziel des Spiels ist es, daß jedes einzelne Kind zum Schluß soviel Schokolinsen wie möglich besitzt.

Variation: In großen Gruppen, mehr als 20, kann auch in zwei Räumen parallel gespielt werden. Eine Gruppe spielt dann unter Ausschluß von verbaler Kommunikation und unter dem Tisch, die andere Gruppe offen und sie darf sich während des Spiels beraten. Ist kein Tisch vorhanden, kann die Gruppe auch mit dem Gesicht nach außen sitzen, um in der ersten Runde eine mögliche Sichtkontrolle auszuschließen.

Wichtig: Ziel ist nicht, mehr Linsen zu bekommen als die anderen, sondern so viele wie möglich.

Endet das Spiel – wie zu erwarten – sehr schnell zu Gunsten der „Bank", sollte ein zweites Spiel, bei dem Kommunikation und Verhandlungen möglich sind, gespielt werden. – Eine gemeinsame Auswertung nach dem letzten Spiel, ggf. mit den beiden Gruppen zusammen, ist sehr wichtig. (Aus den Arbeitsmaterialien von *Milan*.)

9 Kannst Du mich hören?

Lernen, miteinander zu kommunizieren

Konflikte und Gewalt sind oft auf mangelnde Kommunikation zurückzuführen. Es ist schwierig, mit einem Problem angemessen umzugehen, wenn wir es nicht verstehen – und es zu verstehen fällt uns schwer, wenn wir nicht in der Lage sind zu hören, was andere Menschen dazu sagen. Wir stellen dann – oft unbewußt – Vermutungen über andere Menschen an, die sich im Nachhinein als falsch herausstellen. Indem wir unsere Beobachtungsgabe schulen, verstehen wir leichter, warum Konflikte auftreten – und indem wir unsere Mitteilungsfähigkeiten üben, erhalten wir die Chance zu überprüfen, wie gut wir von anderen verstanden werden.

Die Fähigkeit des Zuhörens

Die folgenden Spiele und Übungen helfen Kindern, ihre Fähigkeit, anderen zuzuhören, in einer lustigen und unterstützenden Atmosphäre zu üben und zu verbessern. Außerdem regen sie dazu an, darüber nachzudenken, was Kommunikation ist und wodurch sie gestört werden kann.

Stille Post
ist ein Spiel, das sehr schön Probleme mit der Kommunikation aufzeigt. Die Nachricht, die die letzte Person erhält, weicht oft in verblüffender und belustigender Weise von der Originalnachricht ab. Soll mit diesem Spiel jedoch die Fähigkeit des Zuhörens geübt werden, werden die Regeln etwas verändert. Das Ziel ist, daß am Ende der Übung das letzte Kind die Originalnachricht exakt wiedergeben kann. Dazu soll untersucht werden, wie Nachrichten weitergegeben werden und wodurch sie Veränderungen erfahren. Die Gruppe sitzt im Kreis und Sie beginnen mit einem einfachen Satz, z.B. „Letzte Nacht schien der Mond und ich habe ihn mit großer Freude beobachtet." Die Nachricht wird im Flüsterton weitergegeben. Sehr wahrscheinlich wird sie sich sehr verändert haben, bis sie beim letzten Kind angekommen ist. Fragen Sie die Kinder,

was ihnen hilft, Nachrichten korrekt zu verstehen. Die Antworten werden vielfältig sein, z.B. der zuhörenden Person direkt ins Ohr sprechen, langsam und deutlich sprechen, Stille im Raum usw. Schreiben Sie die Antworten der Kinder an die Tafel. Dann denken Sie sich einen neuen Satz aus und lassen ihn die Runde machen. Achten Sie darauf, daß die Länge und Schwierigkeit des Satzes für die Gruppe angemessen ist. Wenn die Endnachricht sich wieder vom Original unterscheidet, setzen Sie die Diskussion mit Hilfe der Liste an der Tafel fort. Machen Sie eine dritte Runde und regen Sie die Kinder an zurückzufragen, wenn ihnen die Nachricht nicht klar ist. Sie können fragen, „Hast Du gesagt ...?", und das andere Kind antwortet, „Ja, ich habe gesagt ...". Mit diesen Rückfragen sollten die Kinder in der Lage sein, die Nachricht unverändert weiterzugeben. Dieses Spiel unterstützt den Gruppenbildungsprozeß und fördert die Fähigkeiten des Zuhörens.

Koopera sagt

ist ein Kooperationsspiel, das den Kindern hilft, ihre Fähigkeit des Zuhörens zu verbessern, und das in einer fröhlichen Atmosphäre. Die Kinder stehen Armeslängen auseinander, schauen Koopera an und folgen deren Anweisungen, jedoch nur, wenn sie eingeleitet werden mit „Koopera sagt". Entgegen ähnlichen Spielen, in denen die Kinder ausscheiden, wenn sie etwas tun, was nicht gesagt oder vereinbart wurde, bleiben sie hier immer im Spiel. Dies setzt die Risikogefahr herab und läßt mehr Kinder beteiligt sein.

Variation: Es kann auch eine Herausforderung für die gesamte Klasse sein, 10 Anweisungen völlig akurat zu befolgen. Koopera liebt es, Kooperation zu sehen, denn die ersten 7 Buchstaben machen ja ihren Namen aus.

Telegraphieren

ist ähnlich wie *Stille Post,* nur diesmal ist die Nachricht nonverbal und wird durch Drücken der Hände (wie oft, wie lange Pausen) weitergegeben. Die Kinder schließen die Augen, damit niemand die Nachricht sehen kann. Sie halten sich an den Händen, was auch innerlich das Gefühl des Zusammenrückens fördert, und nachdem die Nachricht rundgegangen ist, erklärt das letzte Kind mit Worten, wie oft und wie lange die Hände gedrückt wurden. Die Nachricht kann auch nach rechts und links gleichzeitig geschickt werden, bis ein Kind beide Nachrichten erhält.

Diese Variation bietet sich besonders in größeren Gruppen an. Sie können diese Übung z.B. auch im Geographieunterricht einsetzen und die Kinder eine Nachricht von Hamburg nach München und zurück schicken lassen. Eine weitere Variation wäre, die Nachricht mit Morsezeichen weiterzugeben.

Gemeinsames Geschichtenerfinden

ist ein Spiel für kleine Gruppen, um Kooperation und Zuhören einzuüben. Die Kinder sitzen im Kreis und jedes trägt einen Teil zu der Geschichte bei, bis alle etwas gesagt haben. Noch interessanter wird es, wenn die Geschichte auf Tonband aufgenommen und danach gemeinsam abgehört wird, um zu kontrollieren, ob alle Beiträge wahrgenommen wurden und die Geschichte einen Zusammenhang hatte. Eine interessante Variation erhält man, wenn eine Gruppe die Geschichte einer anderen Gruppe pantomimisch darstellt. Vergewissern Sie sich, daß jede Gruppe einen funktionierenden Rekorder hat. Die Kinder wollen ihre Geschichte vielleicht auch einer anderen Klasse vorführen oder sie aufschreiben und ein Buch daraus machen.

Beschreibungsspiel

Dies ist eine Variation von „Ich sehe was, was Du nicht siehst". Drei Kinder geben verschiedene Beschreibungen des gleichen Gegenstandes, ohne ihn zu benennen. Das Objekt sollte ziemlich komplex und für jede Person sichtbar sein. Der Rest der Klasse nutzt die drei Beschreibungen, um den Gegenstand zu identifizieren. Das Schwarze Brett könnte z.B. beschrieben werden als etwas, an dem ein Bild oder Geschriebenes hängt. Einige Beschreibungen können allgemein gehalten sein, andere sind vielleicht sehr spezifisch. Das Beschreibungsspiel verbessert die Fähigkeit zuzuhören, indem es die Kinder motiviert, sich genau auf das zu konzentrieren, was die anderen sagen. Es ist außerdem auch eine gute Übung zur Beobachtung, da es die Kinder lehrt, auf Details eines Gegenstandes zu achten. Das Beschreibungsspiel kann zu Diskussionen führen, wie unterschiedlich wir die Dinge um uns herum wahrnehmen. Sie können es auch in Übungen zum Aufsatzschreiben einbauen.

Anweisungen ausführen

funktioniert am besten in großen Gruppen. Drei Kinder hören genau zu, wie ihnen (nur einmal!) eine Reihe von Anweisungen gegeben wird. Ein Kind nach dem anderen führt jetzt die Anweisungen aus, während die Klasse beobachtet, ob alle Anweisungen befolgt werden oder nicht. Erst nachdem alle drei fertig sind, teilen sich die übrigen Kinder ihre Beobachtungen mit. Die Anweisungen sollten schon etwas schwierig, aber auch nicht zu lang sein, z.B. „Geh zur Tafel, schreibe drei mal deinen Namen untereinander, mach ein Kreuz rechts vom 2. Namen, unterstreiche den 3. Namen. Geh zum Fenster, klatsche dreimal in die Hände, geh zurück zu deinem Stuhl, setz dich hin, schlage die Beine übereinander und schüttle dem Kind links von dir die Hand." Die Kinder, die die Anweisungen ausführen sollen, müssen sehr genau zuhören, wenn sie alles richtig machen wollen, die übrigen Kinder müssen sowohl genau zuhören als auch beobachten, ob die Anweisungen richtig ausgeführt werden. Eine Variation wäre, die Klasse in kleinere Gruppen aufzuteilen, damit alle die Chance haben, sowohl zu agieren als auch zu beobachten. Nutzen Sie das Spiel, um ein Gespräch darüber zu führen, wie wichtig es ist, sowohl klare Anweisungen zu geben als auch genau zuzuhören.

Nacherzählen

Diese Übung stellt für Kinder eine Herausforderung dar. Wählen Sie ein Thema, das die gesamte Gruppe interessiert und lassen Sie ein Kind darüber reden. Wenn es fertig ist, gibt ein anderes Kind, in wechselnder Reihenfolge, mit – ganz wichtig – seinen eigenen Worten wieder, was gesagt wurde. Die Wiederholung muß von dem ersten Kind als korrekt akzeptiert werden, bevor die nächste Person etwas sagen kann. Achten Sie darauf, daß alle zum gleichen Thema sprechen. Dieses Spiel kann auch in kleinen Gruppen mit Beobachterinnen gespielt werden. In jedem Fall ist es eine sehr gute Übung, die die Fähigkeiten des Zuhörens schult.

Zeit zum Zuhören
Diese Übung hilft Kindern, ihr Gehör zu schulen und ist außerdem eine hervorragende Möglichkeit, eine gemeinsame Aktivität zu beginnen, da die Übung auf ruhige Art die Aufmerksamkeit aller Kinder auf nur einen Punkt lenkt. Sie bitten die Kinder, ruhig zu werden und auf die Geräusche außerhalb des Raumes zu horchen. Nach ca. einer Minute bitten Sie die Kinder, einander mitzuteilen, was sie gehört haben. *Zeit zum Zuhören* zeigt den Kindern, wieviel sie hören können, wenn sie ruhig sind.

Die Fähigkeit des Beobachtens

Viele der folgenden Spiele ähneln den Zuhör-Übungen, aber hier liegt die Betonung eher auf dem Sehen als auf dem Hören. Sie fördern die Fähigkeit zu analysieren, wie Konflikte entstehen und regen eine Diskussion über Körpersprache, Mimik und andere Formen der nonverbalen Kommunikation an.

Offen oder geschlossen?
Diese Übung ist – ähnlich wie Lirum Larum Löffelstiel oder Gekreuzt / Ungekreuzt – eine interessante Art, das Thema *Beobachten* einzuführen. Die Gruppe sitzt im Kreis. Sie erklären, daß die Kinder in diesem Beobachtungsspiel Hinweise finden müssen, ob das Buch, das sie im Kreis weitergeben werden, „offen" oder „geschlossen" ist. Die Lösung ist, daß das Buch „geschlossen" ist, wenn Ihre Beine übereinander geschlagen sind, sind sie jedoch ungekreuzt, ist es „offen", selbst wenn das Buch in Wirklichkeit geschlossen ist. Wenn die Kinder die Aufgabe verstanden haben, geben Sie das Buch herum. Jedes Kind sagt, „Ich gebe das Buch offen weiter", wenn seine Beine ungekreuzt sind, oder „Ich gebe das Buch geschlossen weiter", wenn es seine Beine übereinander geschlagen hat. Sie sagen dann immer, ob der jeweilige Hinweis richtig oder falsch ist. Kinder, die die Lösung wissen, orientieren sich mit ihren Kommentaren daran, aber decken sie noch nicht auf. Lassen Sie das Buch solange weitergeben, bis die meisten Kinder die Lösung gefunden haben. Es ist wichtig, daß die Regeln für dieses Spiel von Anfang an gut erklärt sind. Ebenso wichtig wie die Schulung der Beobach-

tungsgabe ist es, daß die Kinder Erfolg haben und die Lösung herausfinden können. Hat die Gruppe schon einige Erfahrung mit Beobachtungsspielen gesammelt, wird sie vielleicht schwierigere Versionen dieses Spiels entwickeln wollen.

Hellsehen

Das Spiel *Hellsehen* (oder *Hellseher-Hellseherin*) hilft Kindern, ihre Konzentrationsfähigkeit und Beobachtungsgabe für Details zu entwickkeln. Während sich ein Kind mit exotischen Kleidungsstücken verkleidet, kündigt ein anderes Kind der Klasse an, daß gleich ein Hellseher oder eine Hellseherin hereinkommen wird. Diese Person könnte jeden Gegenstand erraten, auf den die anderen Kinder sich vorher heimlich geeinigt haben. Am besten bitten Sie die Klasse direkt, drei Objekte für drei Runden festzulegen. Sagen Sie in jedem Fall, daß es einen einfachen Grund gibt, warum die Hellseherin die Gegenstände erraten kann, und daß die Kinder das Geheimnis herausfinden können, wenn sie sich genügend konzentrieren und aufmerksam beobachten. Dann holen Sie die Hellseherin oder den Hellseher mit großer Ehrenbezeugung und einigen pompösen Worten herein und beginnen zu fragen: „Ist der erste gewählte Gegenstand Roberts grüner Pullover? Ist es das Mathematikbuch auf dem Tisch? ..." Die Hellseherin und Sie haben sich vorher auf ein Objekt geeinigt (z.B. die Wandtafel) und dieses Kind weiß, wenn dieser Gegenstand genannt wird, daß das nächste Objekt das zu erratende ist. Nach mehreren Runden sollte die Klasse das Geheimnis herausfinden und anschließend darüber diskutieren. Kommt sie nicht alleine darauf, können Sie vielleicht einige kleine Hinweise geben, worauf besonders zu achten ist. Das Geheimnis sollte schon eine Herausforderung, aber nicht unlösbar sein. Es ist wichtig, daß die Lösung tatsächlich gefunden wird. Diese Einführung macht den Kindern viel Spaß und kann als beispielhafte Erfahrung für spätere ernstere Arbeiten dienen.

Augenzeugin

Der Sketch *Augenzeugin* ist eine andere spielerische Art, die Beobachtungsgabe zu schulen. Ziel ist es zu zeigen, daß jede Person die Dinge von einer anderen Perspektive aus sieht. Eine kleine Gruppe von Kindern hat schon vorher einen kurzen Sketch eingeübt, der eine Reihe von Details enthält, über die die anderen anschließend berichten sollen. Der Sketch soll nicht angekündigt, aber so präsentiert werden, daß er die

Aufmerksamkeit aller auf sich zieht. Wenn die Kinder den Sketch vorführen, sollten die anderen wissen, daß es sich nicht um eine Realsituation handelt. Anschließend diskutieren die Zuschauerinnen und Zuschauer, was sie gesehen haben. Sehr wahrscheinlich wird es mehrere unterschiedliche Versionen dessen geben, was gesehen wurde. Lassen Sie die Kinder versuchen, Erklärungen für die Unterschiede zu finden (z.B.: die Kinder haben von verschiedenen Richtungen aus zugesehen, es war zuviel Lärm in der Klasse). Stellen Sie eine Liste zusammen und rufen Sie sie den Kindern in Erinnerung, wenn Kommunikationsprobleme in der Klasse auftreten.

Detail-Beobachtung

Bei diesem Sketch handelt es sich um eine Abwandlung des Sketches *Augenzeugin,* der besonders geeignet ist für kleine Gruppen. Allerdings werden alle schon vorher darauf aufmerksam gemacht, um was es gehen wird.

Lassen Sie zur Illustration einige Kinder unter Beachtung der gleichen Regeln die Vorgehensweise durch einen Probesketch für die Klasse vorführen. Unterteilen Sie danach die Klasse in Kleingruppen und lassen Sie jede von ihnen einen Sketch mit vielen Details vorbereiten und vor den anderen vorführen. Die Kinder sollen nach jedem Sketch ihre Beobachtungen austauschen. Während das Ziel der Sketche die Verbesserung der Beobachtungsgabe ist, helfen sie gleichzeitig beim Aufbau von Selbstvertrauen und Gemeinschaftsbildung für die ganze Klasse.

Finde Deine Apfelsine

ist ein faszinierendes Spiel, das den Kindern hilft, einen Blick für kleinste Details zu entwickeln. Die Kinder sitzen im Kreis und Sie geben jedem Kind eine Apfelsine. Erzählen Sie allen, daß sie fünf Minuten Zeit haben, ihre Apfelsine genau zu untersuchen. Anschließend werden die Apfelsinen eingesammelt, in die Mitte des Kreises gelegt und jetzt muß jedes Kind seine Apfelsine herausfinden. In der Regel fällt den Kindern das sehr leicht. Gibt es Uneinigkeiten, fragen Sie die Kinder nach einer Beschreibung oder nach speziellen Kennzeichen ihrer Apfelsine. Noch spannender wird es, wenn die Kinder ihre Apfelsinen mit geschlossenen Augen erkunden und wiederfinden sollen. Apfelsine ist nicht gleich Apfelsine! Sie können auch Kartoffeln, Äpfel oder andere preiswerte Produkte für dieses Spiel nehmen.

Fischbecken

Hier geht es um Reden, Zuhören und Beobachten. Die Kinder beobachten eine Aktivität, die in der Mitte ihres Kreises – wie im Zentrum eines Fischbeckens – stattfindet. Teilen Sie die Klasse in zwei Gruppen, die zwei ineinander liegende Kreise bilden. Die Gruppe im inneren Kreis, also die im *Fischbecken,* kann ein Gespräch führen oder ein Rollenspiel zeigen. Themen könnten z.B. die Planung einer Klassenfahrt, die Teilnahme an einem Karnevalsumzug oder die Vorbereitung der Abschlußparty sein. Ältere Kinder möchten vielleicht ein bestimmtes Klassen- oder Schulproblem diskutieren. Achten Sie nur darauf, daß es sich nicht um ein zu kontroverses Thema handelt, das die Kinder davon abhält, sich auf den Prozeß zu konzentrieren. Geben Sie den Kindern die folgende Checkliste zur Hand:

Checkliste der Beobachterinnen:
* Haben alle gesprochen?
* Haben alle zugehört?
* Wurde jemand von den anderen am Sprechen gehindert?
* Waren Kinder unruhig oder ungeduldig?
* Haben die Kinder die Sprecherin bzw. den Sprecher angeschaut?
* Haben alle laut und deutlich gesprochen?

* Haben die Sprechenden zu allen gesprochen oder sich nur an bestimmte Kinder gewandt?
* Hat sich die Gruppe an das Thema gehalten?

Lesen Sie der Klasse diese Liste laut vor. Bitten Sie die Kinder, das Wesentliche der einzelnen Fragen mit eigenen Worten zu wiederholen, damit sichtbar wird, daß alles verstanden wurde. Betonen Sie, daß die Beantwortung der Fragen nicht so wichtig ist wie eine gute Zusammenarbeit der Gruppe beim Beobachten dessen, was sich im *Fischbecken* abspielt. Nachdem die innere Gruppe mit ihrem Part fertig ist, fragen Sie die Kinder, wie es ihnen ergangen ist und lassen Sie sie anhand der Checkliste über ihre Beobachtungen berichten. Diese Übung kann mehrmals wiederholt werden, um allen Kindern Gelegenheit zu geben, einmal in der Mitte des Kreises zu sein.

Gerüchteküche

Die *Gerüchteküche* entwickelt die Beobachtungsgabe. Lassen Sie ein Kind freiwillig den Raum verlassen und zeigen Sie den anderen Kindern ein ziemlich komplexes Bild, das sie sich genau einprägen sollen, um es später beschreiben zu können. Nehmen Sie das Bild wieder fort, rufen Sie das Kind von draußen herein und bitten Sie die Klasse, das Bild zu beschreiben; im allgemeinen wird es verschiedene Versionen der Bildbeschreibung geben. Dies kann zu einer Diskussion über das Beobachten führen. Wenn dieses Spiel mehrmals hintereinander gespielt wird, wird sich die Beobachtungsgabe der Kinder verbessern. Bei der etwas komplizierteren Version verlassen zwei Kinder freiwillig den Raum. Das erste kommt herein und läßt sich vom Rest der Klasse das Bild beschreiben, dann kommt das zweite Kind herein, um zu hören, was das erste von der Klasse erfahren hat. Diese Variation kann zu einer Diskussionen darüber führen, wie Gerüchte entstehen.

Die Fähigkeit, deutlich zu sprechen und sich mitzuteilen

Eine häufige Kommunikationsschwierigkeit besteht darin, daß nicht verstanden wird, was eine andere Person sagt. Kindern ist oft nicht bewußt, daß sie nicht sehr deutlich sprechen. Durch die folgenden Übungen kön-

72

nen Kinder in einer sicheren und freundlichen Atmosphäre ihre Sprech-
fähigkeiten entwickeln. Manche Übungen betonen einfach die Notwendigkeit, laut und deutlich zu sprechen.

Reporter-Interview-Spiel

Das *Reporter-Interview-Spiel* hilft Kindern, mehr Selbstvertrauen zu entwickeln, um vor oder in größeren Gruppen zu sprechen. Ein Kind spielt
die Reporterin, die gekommen ist, um etwas über die Schule und die
Schülerinnen und Schüler zu erfahren. Sie fragt ein Kind: „Zu welchem
Thema möchtest Du gerne befragt werden?" Sie stellt die Fragen in einem offiziellen Ton und notiert die Antworten oder nimmt sie auf ein
Tonbandgerät auf. Die Interviews können auch in kleineren Gruppen
oder über die Woche verteilt durchgeführt werden, damit sich alle Kinder einmal in beiden Rollen erleben können. Wichtig ist, daß das befragte Kind im Mittelpunkt der Aufmerksamkeit steht, da dies seine ganz besondere Zeit ist und es sich um sein besonderes Thema dreht. Anschließend kann das Interview auf eine Wandzeitung geschrieben werden.
Das Spiel fördert sowohl das Selbstvertrauen der Kinder als auch das
Gemeinschaftsgefühl der Klasse.

Zwerchfellatmung

Das Training der Zwerchfellatmung eignet sich gut als Einführung in
die Stimm- und Redeschulung. Alle Kinder stehen in einem großen
Kreis. Jedes Kind legt seine Hände auf den Bauch, atmet tief ein und
spürt, wie sich das Zwerchfell dehnt. Beim Ausatmen spüren die Kinder, wie es sich wieder zusammenzieht. Wiederholen Sie das langsame
Ein- und Ausatmen, zählen Sie beim Einatmen langsam bis 10, bis die
Kinder mit dem Zwerchfell atmen. Die Hände bleiben auf dem Bauch
liegen und jetzt sagen alle zusammen „ho, ho, ho." Wenn die Kinder
vom Zwerchfell aus sprechen, sollten ihre Stimmen laut und voll klingen und sie können spüren, wie das Zwerchfell sich bei jedem „ho" zusammenzieht. Jetzt gehen Sie im Kreis herum und lassen jedes Kind
mindestens fünf Wörter „tief" aus dem Bauch heraus sprechen. Greifen
Sie auf diese Übung zurück, wenn Kinder zu „dünn" und zu leise sprechen.

Rot-Grün-Spiel

Dieses Spiel macht riesig Spaß und bringt Kinder dazu, laut und deutlich zu sprechen. Vor Beginn des Spiels schneiden Sie Streifen aus rotem und grünem Kreppapier, so daß jedes Kind je einen Streifen der beiden Farben erhält. Erklären Sie, daß sie mit diesen Streifen anzeigen sollen, ob sie die anderen gut verstehen können oder nicht. „Winke mit dem grünen Streifen, wenn Du gut verstehen kannst, nimm den roten Streifen, wenn Du nichts oder nur schlecht verstehst." Teilen Sie die Klasse in zwei Gruppen, die sich an verschiedenen Seiten der Klasse gegenüberstehen. Jetzt geht ein Kind aus jeder Gruppe in die Mitte, wo sie einander, mit dem Gesicht zu ihrer Gruppe gewandt, ansehen. Wählen Sie ein Gesprächsthema, das die beiden und die Klasse interessiert, wie etwa einen Zirkusbesuch, eine Klassenfahrt o.ä.. Erklären Sie, daß die beiden in der Mitte jedesmal, wenn sie Sie in die Hände klatschen hören, einen Schritt zurückgehen müssen, weg von ihrem ursprünglichen Team. Während die beiden miteinander reden, wedeln die beiden Teams mit ihren bunten Papierstreifen, um zu zeigen, ob sie ihre Rednerin gut verstehen können. Die Redenden sollen auf die Streifen achten und ggf. lauter und deutlicher sprechen. Sind die beiden aus der Mitte bis zur anderen Gruppe zurückgegangen, werden sie Teil dieses Teams und ein anderer Redner geht in die Mitte. Das Spiel ist gemütlicher, wenn die Kinder auf Stühlen sitzen können. Jedes Kind sollte einmal in die Mitte dürfen. Wenn das Thema die Kinder langweilt, suchen Sie ein anderes, das sie mehr interessiert. Das Spiel ist etwas kompliziert, daher sollten Sie sich vergewissern, daß alle Regeln sorgfältig erläutert und verstanden wurden, bevor es losgehen kann.

Vor der Gruppe sprechen

ist eine gute Möglichkeit, eine Übungseinheit zum Thema *Deutlich sprechen und sich mitteilen* zu beenden. Fordern Sie die Kinder auf, eine kurze Rede vorzubereiten. Die Themen können aus einem Hut gezogen werden oder von den Kindern selbst gewählt werden. Die Kinder können sich z.B. wie in einem Vortragssaal hinsetzen, um eine etwas formelle Atmosphäre zu schaffen. Diese Übung stellt eine große Herausforderung für die Kinder dar, daher sollten Sie darauf achten, daß immer eine geschützte Atmosphäre besteht und allen bewußt ist, daß es sich nur um ein Spiel handelt.

Jeder Mensch ist etwas Besonderes

Bestätigung durch andere, für andere

10

Eine wesentliche Ursache von Konflikten kann ein zu schwaches Selbstwertgefühl sein. Wer kein positives Gefühl zu sich selbst hat, dem fällt es auch schwer, ein positives Gefühl zu anderen zu entwickeln. Diese Unfähigkeit verhindert, daß wir die Sichtweise der anderen nachvollziehen können und ist dann der Grund dafür, daß wir andere heruntermachen wollen.

Die folgenden Übungen dienen den Kindern dazu, positive Seiten an sich und an den Spielkameradinnen und -kameraden zu entdecken. Diese Übungen bringen für die Kinder neue Erfahrungen mit sich, die ihnen ein gutes Gefühl zu ihrer eigenen Person und zu ihren Leistungen vermitteln.

Der erste Teil besteht aus Übungen für große Gruppen, dann folgen Aktivitäten, die Einzelne zur eigenen Selbstbestätigung anregen.

Affirmationsaktivitäten für große Gruppen
— Entwicklung von Selbstwertgefühl —

Kommentierte Namensschilder
Die Kinder schreiben auf ein Namensschild oder einen Anstecker ihre Lieblingsfarbe, ihr Lieblingsfach in der Schule oder sonst etwas, das ihnen an sich gefällt. Anschließend machen Sie eine Runde, in der jedes Kind den anderen seine Antwort mitteilt.

Gesten zur Namensbeschreibung
Die Gruppe sitzt im Kreis und Sie beginnen mit einer Geste, die Ihren Vornamen ausdrückt, dann zeigen Sie noch eine Geste für Ihren Nachnamen. Die Kinder schließen sich an, indem alle je eine Geste für den Vor- und eine Geste für den Nachnamen machen. In dieser Übung hat jedes Kind Gelegenheit, sich auszudrücken und von den anderen Aufmerksamkeit zu erhalten. Noch bestärkender ist es, wenn alle Kinder die jeweilige Geste nachmachen und den Namen dazu sagen. Es hilft

den Kindern, die Namen zu lernen, ist oft sehr lustig und stärkt das Gruppengefühl.

Pantomime: Eine Sache, die ich mag

ist eine Übung, die persönlich bestärkend und gruppenbildend wirkt. Bitten Sie die Kinder, eine Sache, die sie gerne mögen oder tun (Ballspielen, Radfahren o.ä.), pantomimisch darzustellen. Achten Sie darauf, daß die Klasse erst zu raten beginnt, wenn die Darstellung beendet ist. Alle, die etwas darstellen möchten, sollten eine Chance erhalten.

Zauberkiste

ist ebenfalls ein Pantomime-Spiel. Stellen Sie eine gedachte Kiste in die Mitte des Kreises. Ein Kind geht zu der Kiste, nimmt etwas heraus und zeigt pantomimisch eine Aktivität oder ein Spiel. Erraten andere Kinder, um was es sich handelt, gehen sie ebenfalls in die Mitte und machen mit. Das erste Kind sagt, ob sie richtig geraten haben. Dann nimmt das nächste Kind etwas aus der Kiste und die Show beginnt von vorn. Dieses Spiel stärkt das Selbstbewußtsein der Kinder in der Mitte.

Freundliches Interview

Dabei wird ein Kind von einem anderen befragt, während ihm die ganze Klasse aufmerksam zuschaut und zuhört. Die Fragen sollten sehr einfach, interessant und auf keinen Fall bedrohlich sein, z.B.:

* Was hast Du am liebsten auf dem Brot?
* Wo würdest Du gerne einmal hinfahren?
* Was machst du gerne samstagsmorgens oder nach der Schule?
* Welchen guten Film hast Du in letzter Zeit gesehen?

Die Person, die das Interview durchführt, sollte das befragte Kind anschauen und Fragen stellen, die zu dem Kind passen. Sie sollte dabei sehr wohlwollend sein und das Kind so viel wie möglich positiv bestärken. Begrenzen Sie die Zahl der Fragen, damit alle einmal die volle Aufmerksamkeit der Gruppe haben.

Ich gehe auf die Reise – und nehme eine Umarmung mit

Diese Übung fördert eine positive Art des Körperkontakts und ermutigt, Zuneigung physisch auszudrücken. Jedes Kind fügt an die Liste dessen, was die anderen mit auf die Reise nehmen, eine nette Berührung an: „Ich gehe auf die Reise und nehme eine Umarmung, einen Händedruck und einen Klaps auf den Rücken mit", und gibt sie an das nächste Kind weiter. Das letzte Kind in der Runde erhält dann alles, was die Kinder mit auf die Reise genommen haben. Diese Übung gibt einen sicheren Rahmen für die Kinder, sich gegenseitig zu berühren. Wenn die Kinder noch verlegen werden durch Berührung und Zuneigung, heben Sie die Übung für eine spätere Zeit auf, wenn Vertrauen und Gemeinschaftsgefühl in der Gruppe schon etwas gewachsen sind.

Mit Worten kitzeln

können sich die Kinder, wenn sie sich schon eine Weile kennen. Die Kinder finden sich in Paaren zusammen und eins fängt an, so viele nette Sachen wie möglich über das andere Kind zu sagen. Nach ein paar Minuten lassen Sie sie die Rollen tauschen. Das Kind, das angesprochen wird, fängt in der Regel an zu lachen; so wird es von dem anderen Kind mit Worten „gekitzelt". In einer etwas strukturierteren Form können die Kinder jeweils drei gute Sachen über die andere Person sagen. Wenn die Klasse schon verschiedene Übungen zur Stärkung des Selbstbewußtseins gemacht hat, können Sie die Kinder auch bitten, eine positive Sache über die Nachbarin zur Rechten oder den Nachbarn zur Linken vor der Klasse zu sagen. Alle drei Methoden wirken bestärkend auf die Kinder; wählen Sie die beste für ihre Gruppe aus.

Neues und Gutes

kann genutzt werden, um den Tag oder die Woche zu beginnen oder um die Konzentration der Kinder zu wecken. Oft sind die Gedanken von Kindern zu Beginn einer Aktivität ganz woanders. Neues und Gutes hilft den Kindern, sich auf eine bestimmte Frage zu konzentrieren und weckt positive Gefühle. Sie können sich sammeln und einer neuen Aktivität mit voller Aufmerksamkeit begegnen.

Wählen Sie eine Frage: „Welche gute Sache ist Dir in letzter Zeit passiert?". Später variieren Sie die Fragen: „Was ist Deine Lieblingsfarbe? Welche Person bewunderst Du besonders?" Jede Person soll die Möglichkeit haben, zu sprechen und von allen gehört zu werden. In großen Gruppen sollten die Antworten ziemlich kurz sein, in kleinen Gruppen können sie ausführlicher ausfallen. Neues und Gutes kann auch im Rahmen des Lehrplanes eingesetzt werden: „Benenne eine Sache, die Dir an der Geschichte, die wir gelesen haben, besonders gefallen hat." Vielleicht will die Klasse auch eine Wandzeitung für *Neues und Gutes* anlegen, auf der besondere Ereignisse der Klasse festgehalten werden. Diese Wandzeitung könnte jeden Tag von jemand anderem fortgesetzt werden.

Singen

ist eine bestärkende und energetisierende Aktivität, die auch den Gruppenbildungsprozeß unterstützt. Lieder, zu denen die Kinder etwas tun oder sich bewegen können, machen besonders viel Spaß. Auch hier gilt, daß in einer sicheren Atmosphäre zu mehr Selbstbewußtsein ermutigt wird. Sicher kennen Sie eine Reihe von Liedern, die hierfür geeignet sind. – Mehr dazu finden Sie auf Seite 164.

Bestärkendes Händeklatschen

ist ein Geburtstagsspiel, das sich auch gut für jüngere Kinder eignet. Für ein Kind, das ja an seinem Geburtstag im Mittelpunkt der Aufmerksamkeit steht, wird kräftig in die Hände geklatscht.

Dies ist ein Hände-Klatschen für ..... (Namen).
Dies ist ein Hände-Klatschen für Gesundheit.
Dies ist ein Hände-Klatschen für Wohlstand.
Dies ist ein Hände-Klatschen für alle Liebe, die Du kriegst.
Dies ist ein Hände-Klatschen für jedes Jahr, das es Dich gibt.
Und dies ist ein Hände-Klatschen für die Jahre, die noch kommen.

Bei der letzten Zeile brechen dann alle in wildes Klatschen aus.

Entwicklung des Selbstwertgefühls beim Individuum

In diesem Abschnitt gibt es zwei verschiedene Arten von Übungen zur Entwicklung des Selbstwertgefühls: in den ersten finden die Kinder Selbstbestätigung durch etwas, was sie herstellen und auf das sie stolz sind. In den anderen Übungen bestätigen die Kinder sich gegenseitig. Beide Formen unterstützen die Bildung des Gemeinschaftsgefühls und lassen sich auch gut in den Lehrplan einbinden.

Silhouetten

Die Kinder finden sich zu Paaren zusammen und malen ihre Körperumrisse auf große Papierbögen. Diese können dann mit Buntstiften, Wachsmal- oder Fingerfarben ausgemalt werden. Bringen Sie jede Menge Stoffreste, Garne und Klebstoff für Kleidung und Haare mit. Zum Schluß schreiben die Kinder ihre Namen auf die Figuren und hängen sie an die Wand. Fragen Sie die Kinder, wie sie sich während des Malens gefühlt haben.

Positive Aussagen in die Silhouetten malen

Diese Übung funktioniert am besten in kleinen Gruppen. Die Kinder schreiben ihren Namen auf Karteikarten und reichen sie reihum an alle in der Gruppe weiter. Jedes Kind schreibt nun etwas Nettes oder Positives auf die Karten seiner Nachbarn und Mitspielerinnen. Wer mag, kann auch seinen Namen unter das Geschriebene setzen. Sind alle fertig, landen die Karten wieder bei ihren Besitzerinnen bzw. Besitzern und die Kinder können sich über die lobenden Kommentare freuen. Wenn noch Zeit ist, können Sie eine allgemeine Runde machen, in der jedes Kind eine Sache sagt, die ihm oder ihr bei der Übung gut gefallen hat. Die Karten können dann in die Silhouetten, die die Kinder in der vorherigen Übung angefertigt haben, geklebt werden. Wenn ein Kind einmal traurig ist, dann kann es sich seine Silhouette anschauen und all die positiven Dinge lesen und sich daran erinnern, die über es gesagt und geschrieben wurden. Dieses Spiel eignet sich auch gut als Lese- und Schreibübung.

Strümpfe füllen

Jedes Kind der Klasse hängt (wie in angelsächsischen Ländern z.B. in der Vorweihnachtszeit üblich) einen Strumpf mit seinem Namen auf und schreibt noch seinen Namen auf fünf Papierzettel, die in einem Hut gesammelt werden. Dann zieht jedes Kind fünf Zettel aus diesem Hut, schreibt etwas Gutes oder Nettes über das Kind, dessen Name darauf steht und steckt den Zettel in den passenden Strumpf. In einer langen Version können die Kinder je eine Bemerkung zu jedem anderen Kind aufschreiben. Betonen Sie, daß herabsetzende Bemerkungen nicht erlaubt sind.

Nettes zum Valentinstag

Dies ist eine Februar-Variante von *Strümpfe füllen*. Lassen Sie die Kinder kleine, oben offene Päckchen basteln, die mit Herzen dekoriert, dem Namen des Kindes versehen und dann an die Wand gehängt werden. Dann schreiben die Kinder ihre Namen auf zwei kleine Karteikarten und mischen alle in einem Hut durcheinander. Jedes Kind zieht nun zwei Karten und schreibt etwas Positives über das Kind auf die Karten, dessen Name drauf steht. Falls Kinder ihren eigenen Namen oder zwei für das gleiche Kind ziehen, dürfen sie nochmal ziehen. Stecken Sie diese Valentinskarten nun in die Valentinstag-Päckchen. Für einen guten Abschluß der Übung können Sie jedes Kind bitten, den anderen das vorzulesen, was ihm besonders gut gefallen hat.

Variation: Eine andere Möglichkeit für *Etwas Nettes zum Valentinstag* ist es, ein Riesenklassenherz zu basteln, auf dem eine positive Aussage für jedes Kind aus dieser Klasse steht. Lassen Sie die Kinder Namen aus dem Hut ziehen, etwas Freundliches und Bestätigendes über dieses Kind auf das Herz schreiben und enden Sie damit, daß alle einzeln sagen, was ihnen an dem Herz besonders gefällt. Sie können diese Möglichkeiten auch als Schreib-und Leseübungen benutzen.

Sie können diese Übungen auf viele Arten variieren und in Schreib- und Leseprojekte einbauen, die Anzahl der Karten oder Papierstreifen für jedes Kind erhöhen, sie dann aushändigen, laut vorlesen lassen, je nachdem, was für Ihre Gruppe am passendsten ist.

Selbstwertgefühl durch Videoaufnahmen

In vielen Schulen gibt es schon Videokameras, die recht einfach zu bedienen sind. In dieser Übung sagt jedes Kind eine positive Sache über sich selbst vor der laufenden Kamera. Wenn die Klasse sehr groß ist, sollten Sie darauf achten, daß die Beiträge nicht zu lang sind, um die Aufmerksamkeit bis zum Schluß halten zu können. Die Kinder sollen Gelegenheit haben, sich vor Beginn der Aufnahme überlegen zu können, was sie sagen wollen. Kindern, die mit Übungen zur Entwicklung des Selbstbewußtseins noch nicht viel Erfahrung haben, können Sie eine einfache Hilfe geben, z.B. „Sag uns eine Sache, die Dich zum Lächeln bringt." Filmen Sie die Kinder in einer ruhigen Ecke des Raumes oder in einem Nebenraum, um störende Hintergrundgeräusche möglichst gering zu halten. Zur Wiedergabe nutzen Sie einen möglichst großen Fernseher, damit alle Kinder gut sehen können. Erwähnen Sie, daß die Kinder ruhig lachen können, aber niemand herabgesetzt werden darf. Anschließend können Sie die Kinder fragen, wie es für sie war, sich selbst und die anderen im Fernsehen zu betrachten, oder Sie lassen die Kinder einen kurzen Aufsatz dazu schreiben. Eine Variation besteht darin, daß die Kinder sich gegenseitig vor der Kamera befragen.

Glückskuchen

Alle Kinder schreiben eine positive Zukunftsvorhersage auf, so eine Art „Glücksbringer". Sammeln Sie diese Glücksbringer und stecken Sie die Zettel in Kuchen- oder Plätzchenteig, um sie mit einzubacken. Verteilen Sie später die gebackenen Plätzchen oder Kuchenstücke und fragen Sie die Kinder, was die Vorhersagen evtl. mit ihrem Leben zu tun haben könnten. Dieses Spiel können Sie auch als eine Schreib- und Leseübung betrachten. Die Zettel sollten gut gefaltet sein, bevor sie in den Kuchenteig gesteckt werden.

Bilderspiele

Durch die folgenden Aktivitäten können Kinder ihren Wortschatz erweitern und sich auf Lesetests vorbereiten, indem sie Bilder und Wörter assoziieren. Sie benötigen dafür große Papierbögen, einen für jedes Kind, Bunt- oder Filzstifte, Kleber oder Heftmaschinen, Scheren und Bilder aus Zeitschriften. Sie können die Bilder schon vorher auswählen oder auch die Kinder die Bilder ausschneiden lassen. Die Bilder sollen irgendwelche Dinge klar darstellen; Bilder, die der Interpretation bedürfen, können Sie für Aufsatzübungen oder Diskussionen aufheben.

Wortspiele erfinden

Erklären Sie den Kindern, daß sie Wortspiele erfinden und dafür Bilder benutzen werden. Bitten Sie sie, ein Bild auszuwählen, das durch ein Wort, z.B. Baum, deutlich beschrieben werden kann, und sich drei weitere Worte auszudenken, die das Bild nicht zeigt. Das Bild wird neben die vier ausgewählten Worte auf das Papier geklebt. Außerdem sollen die Kinder auch noch ihren eigenen Namen dazuschreiben, damit sie für ihr Werk gelobt werden können. Sind die Wortspiele fertig, können die Kinder sie untereinander austauschen und mit denen der anderen spielen.

Führen Sie der Klasse das Wortspiel zum besseren Verständnis vor.

Halten Sie ein Bild hoch, fragen Sie, was zu sehen ist; fragen Sie nach den drei Worten, die nicht die Bedeutung des Bildes haben und schreiben Sie die Worte an die Tafel. Fragen Sie nach der korrekten Antwort. Wenn allen alles klar ist, kann es losgehen. Lassen Sie die Kinder zusammenarbeiten, um sich beim Buchstabieren gegenseitig zu helfen.

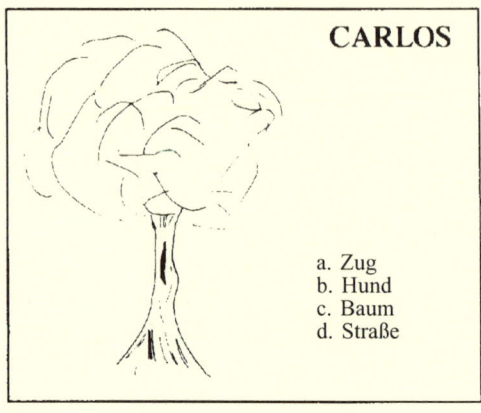

Mit diesem Spiel lernen die Kinder, sich Wörter auszudenken, sie zu buchstabieren und zu lesen. Das gegenseitige Vorstellen und Bewundern der von den Kindern geschaffenen Bilder ist auch Bestandteil der Spiele und bestärkt die Kinder in ihren kreativen Fähigkeiten. Betonen Sie, daß bei diesem Spiel alle Worte und Erkenntnisse miteinander geteilt werden. Applaus nach jeder Präsentation ist für alle eine Bestätigung.

Sätzeergänzen

ist ein schon etwas komplizierteres Spiel und hilft, über Satzstrukturen nachzudenken. Die Kinder sollen Bilder finden, die irgendeine Tätigkeit zeigen. Zu jedem Bild überlegen sich die Kinder einen passenden Satz, der die Tätigkeit beschreibt. Beim Aufschreiben wird jedoch das entscheidende Wort am Satzende nicht

notiert. Dieses Wort ist jedoch Teil der dann folgenden Liste von vier möglichen Satzendungen, die von den Kindern zusammengestellt wird.

Wenn die Blätter oder Karten fertig geklebt und geschrieben sind, werden sie reihum gereicht, um die richtigen Satzergänzungen zu finden.

Sätzeraten

ist noch etwas schwieriger. Bitten Sie die Kinder, zu einem bestimmten Bild vier verschiedene Sätze zu bilden, von denen einer akkurat wiedergibt, was auf dem Bild zu sehen ist.

Alle drei Bilderspiele können von Kindern entweder alleine oder in kleinen Gruppen gespielt werden. Gruppen von je drei

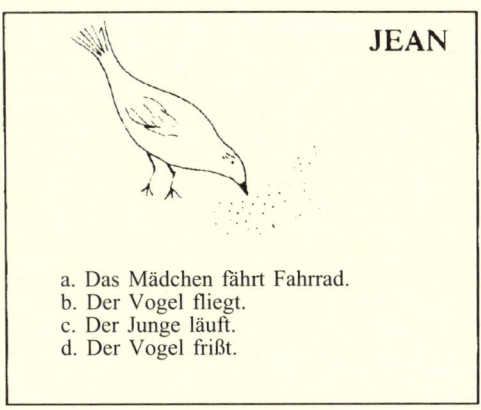

JEAN

a. Das Mädchen fährt Fahrrad.
b. Der Vogel fliegt.
c. Der Junge läuft.
d. Der Vogel frißt.

oder vier Kindern können die Spiele gemeinsam herstellen und der Klasse später vorführen. Besonders jüngere Kinder arbeiten vielleicht lieber in kleinen Gruppen oder zu zweit. Wählen Sie, was sich für Ihre Klasse am besten eignet.

Wenn mein Fuß reden könnte

ist eine Aufsatzübung, die Kinder dazu anregt, über sich selbst nachzudenken und zu schreiben. Kinder finden die Vorstellung eines sprechenden Fußes lustig; so wird ihnen dann auch das Aufschreiben Spaß machen. Die Idee ist ähnlich, wie Puppen sprechen zu lassen: Kindern, denen es schwer fällt, in Gruppen zu sprechen, wird dies erleichtert, wenn sie durch ein Medium reden können. Jüngeren Kindern fallen vielleicht nur ein paar Worte ein, während ältere manchmal viele Sätze oder kleine Geschichten aufschreiben. Nachdem die Kinder ihr „Fuß-Stück" geschrieben haben, können sie es der Klasse vorlesen. Manche ziehen es vielleicht vor, daß jemand anderes ihr Stück vorliest. Erlauben Sie den Kindern zu entscheiden, ob sie ihr Werk den anderen vorstellen wollen oder nicht.

Puppen basteln

Puppen herzustellen ist für die meisten Kinder eine Tätigkeit, die ihr Selbstbewußtsein steigert. Schüchterne Kinder reden oft sehr schnell mit Puppen, besonders mit denen, die sie selbst gebastelt haben.

Sockenpuppen sind einfach zu machen. Jedes Kind erhält einen alten Socken, Stoff, Garn und Nähzeug. Aus dem Stoff werden Mund, Nase, Augen und Haare geschnitten und auf den Socken geklebt. Der Klebstoff muß trocken sein, bevor die Kinder mit den Puppen spielen können. Ältere Kinder wollen die Puppen vielleicht noch anderweitig bestikken oder benähen. Es ist hilfreich, eine Beispielpuppe zu zeigen, bevor die Klasse zu basteln anfängt.

Auf Papiertüten lassen sich leicht mit Bunt- oder Filzstiften Gesichter malen. Garn oder Stoff können noch zusätzlich für Gesichter oder Kleider aufgeklebt werden.

Bücher über kompliziertere Arten von Puppen zum Selbermachen finden Sie in vielerlei Form im Buchhandel.

Kinder wollen manchmal, als eine Form der Bestätigung dessen, was sie geschaffen haben, mit den Puppen etwas sagen. Die Kinder können auch angeregt werden, den Puppen Namen zu geben und dies dann mit den anderen zu besprechen. Es fällt ihnen meist leicht, Szenen mit der Puppe zu spielen, die sie sich ausgedacht oder irgendwann einmal gehört haben. Als Bühne reicht oft eine Wolldecke, die sie über eine Leine oder einen Tisch hängen. Die Kinder können auch in gemeinsamer Arbeit eine eigene dauerhafte Puppenbühne bauen.

Es bietet sich an, die Puppen in der Klasse zu behalten, um im Laufe des Jahres kleine Szenen zu Konflikten oder zur Kooperation zu spielen; aber irgendwann oder wenn die Kinder die Puppen gerne gleich mit nach Hause nehmen möchten, sollten Sie ihnen dies erlauben. Die Puppen können auch irgendwo im Klassenzimmer in einem ihnen eigenen Zuhause oder in den *Persönlichen Sammelmappen* der Kinder einen Platz finden.

Die persönliche Sammelmappe

Eine kleine Kostbarkeit gestalten

Die persönliche Sammelmappe für ein gutes Selbstwertgefühl
enthält eine Kollektion von das Selbstwertgefühl bestärkenden Arbeitsblättern, die die Kinder im Laufe des Jahres selbst erstellen oder sammeln. Nutzen Sie die hier aufgeführten Ideen, um die für Ihre Klasse passenden Kopiervorlagen herzustellen. Ziel der Beschäftigung mit den Arbeitsblättern ist es, die Kinder zu befähigen, positive Vorstellungen über sich selbst zum Ausdruck zu bringen. Einige Blätter fördern die Entwicklung des Selbstbewußtseins durch Malen oder geben Hilfestellungen, damit die Kinder erkennen und selbst klären können, was sie gerne tun und was nicht. Mit einigen können sie ausdrücken, wer sie sind und was das Besondere an ihnen ist. Wieder andere können mit Unterrichtseinheiten über bewußtes und unbewußtes Lernen verbunden werden. Alle Arbeitsblätter regen die Kinder dazu an, in kreativer Weise ihre positiven Vorstellungen über sich selbst zum Ausdruck zu bringen und sich gegenseitig zu bestärken und anzuerkennen.

Es hat sich bewährt, vor der Klasse ein Beispielblatt auszufüllen, damit alle genau wissen, worum es geht. Außerdem sollten Sie am Ende jeder Aktivität eine kurze Auswertung machen, in der die Kinder sich gegenseitig bestärken können; dies ist auch gut für die Entwicklung des Gemeinschaftsgefühls der Klasse. Die Auswertungen geben Ihnen auch Auskunft darüber, welche Blätter die Kinder am liebsten haben.

Der Umschlag für die persönliche Sammelmappe

bietet Platz für alles, was die Kinder im Laufe des Jahres über sich selbst erarbeiten und kann gleich zu Beginn oder am Schluß erstellt werden. Jedes Kind benötigt zwei Bögen einfarbigen Kartons (auf einer Seite gelocht) und Briefklammern, um die Mappen zusammenfügen, damit nichts rausfallen kann. Bitten Sie die Kinder, ihre Namen auf die Vorderseite des Umschlages zu schreiben oder ihn mit schönen Mustern zu verzieren. Dann sollen sie noch ein Symbol dazumalen, das sie selbst darstellt, z.B. eine Blume, einen Baum oder Berg, einen Boxhandschuh oder auch ein Selbstportrait. Kinder mögen es auch, ihre Hand nachzumalen. Jüngere Kinder malen gern Bilder von etwas, das sie sehr mögen.

Zum Schluß schreiben die Kinder positive Bemerkungen auf die persönliche Sammelmappe anderer Kinder. Organisieren Sie diesen Teil so, daß auf jeder Mappe die gleiche Anzahl von Kommentaren steht. Eine Möglichkeit wäre, kleine Gruppen zu bilden, in denen die Mappen herumgegeben werden. Es ist nicht nötig, daß die Kinder ihre Bemerkungen unterzeichnen, aber oft möchten diejenigen, deren Mappe es ist, gerne wissen, von wem welche Bemerkung kommt. Eine andere Form wäre, wenn Kinder Kommentare auf acht verschiedene Mappen schreiben; Sie sollten dann vorher darauf hinweisen, daß auf jeder Mappe nur acht Bemerkungen stehen sollen. In kleinen Gruppen, in denen die Kinder schon darin geübt sind, sich gegenseitig zu unterstützen, können Sie das Verfahren auch offen lassen und jedes Kind schreibt so viele positive Bemerkungen, wie die Zeit zuläßt.

Regen Sie die Kinder dazu an, sich beim Buchstabieren, Malen und der gemeinsamen Benutzung der Materialien zu helfen. Sollte jemand eine negative Bemerkung schreiben, weisen Sie darauf hin, daß dies eine Übung zur Stärkung des Selbstbewußtseins ist; radieren Sie die Bemerkung aus und lassen Sie das Kind einen anderen Kommentar schreiben. In jedem Fall sollten Sie ein Kind, das sich herabgesetzt fühlt, unterstützen. Manchmal braucht auch das Kind, das die negative Bemerkung geschrieben hat, Ihre Unterstützung.

Auch wenn Sie keine weiteren Arbeitsblätter zur Stärkung des Selbstbewußtseins planen, können Sie diese Übung mit großen Papierbögen machen, die anschließend an die Wand des Klassenzimmers oder des Schulflurs gehängt werden.

Malen und Zeichnen

In den folgenden Übungen sollen die Kinder Zeichnungen machen, die der Entwicklung ihrer Persönlichkeit dienen. Geben Sie ein Beispiel, das klar und einfach zu malen ist.

T-shirts für ein gutes Selbstwertgefühl
Diese Übung regt Kinder dazu an, über sich selbst und das, was sie gerne tun, nachzudenken. Malen Sie ein T-shirt und machen Sie genügend Kopien des Arbeitsblattes für alle Kinder. Geben Sie folgende Anregungen:

* Schreib Deinen Namen auf das Blatt.
* Male ein Bild von etwas, das Du gerne tust.
* Schreib ein Wort, das Dich beschreibt. Dieses Wort kann im Zusammenhang mit dem Bild stehen, muß aber nicht.

Kinder, die mit dem Zeichnen Schwierigkeiten haben, können auch Klebefiguren oder ausgeschnittene Bilder nehmen. – Um diese Aktivität abzuschließen, lassen Sie die Kinder vor der Klasse beschreiben, was sie gemalt haben oder vorlesen, was sie auf ihr T-shirt geschrieben haben. Kinder sind in der Regel daran interessiert zu erfahren, was die anderen gemacht haben, aber halten Sie die Beiträge im Fluß, damit auch das letzte Kind genügend Aufmerksamkeit erhält. Drängen

Sie kein Kind, sein Bild vorzustellen. Sagen Sie lediglich: „Wer sein T-shirt noch nicht vorgestellt hat, kann dies jetzt tun." Das gibt den Kindern eine zweite Chance, sich doch noch zu beteiligen, wenn sie möchten.

Einige Kinder werden früher fertig sein als andere. Überlegen Sie sich, wie Sie sie beschäftigen können. Wenn die Kinder in kleinen Gruppen arbeiten, können Sie sie fragen, warum sie gerade jenes Bild gewählt haben und sie zu einem persönlichen Austausch untereinander ermutigen.

Sie können die Idee des T-shirt-Malens auch noch ausweiten, indem die Kinder ihr Bild auf richtige T-shirts übertragen.

Mein eigener Anstecker
ermutigt Kinder, ein ganz persönliches Muster für einen Anstecker zu entwerfen, das später benutzt werden kann, um wirklich Buttons anzufertigen.

Mein Schneemensch
ist auch ein Arbeitsblatt zur
Förderung des Selbstwert-
gefühls für jüngere Kinder,
mit dem sie eine Zeichnung
machen, auf die sie stolz
sind. Kinder lieben es, solche Schnee-Menschen
(s.Abb.) zu schmücken und
zu dekorieren. Nach der
Übung können sie sich un-
tereinander austauschen
und diskutieren, wie sie
sich beim Zeichnen fühlten.

Ich heiße ....

MEIN SCHNEEMENSCH

Ein Tier, das ich mag
ist eine Übung, in der Kinder über ihr Lieblingstier
nachdenken und es malen. Sie kann im Zusammenhang mit einer Arbeitseinheit über Tiere gemacht werden, in der die Kinder die Namen
verschiedener Tiere lernen; in diesem Fall sollten die Kinder den Namen des Tieres auf das Blatt schreiben.

Eine Landkarte von meiner Nachbarschaft
ist eine interessante Übung, bei der die Kinder etwas über Landkarten
und die Gemeinde, in der sie wohnen, lernen. Bitten Sie die Kinder vor
der Übung, die Straßennamen in ihrer Umgebung herauszufinden. Für
jüngere Kinder wird es sich eher anbieten, eine Karte vom Klassenraum
zu malen.

Selbstportrait
ist eines der schwierigsten selbstbestärkenden Arbeitsblätter in dieser
Reihe und sollte erst gewählt werden, wenn die Kinder schon eine aus-
geprägte Selbstwahrnehmung besitzen. Das Arbeitsblatt für das Selbstportrait hat in der Mitte ein Oval und ein Kästchen für den Namen des
Kindes. Die Anweisungen sind einfach: „Schreib Deinen Namen in das
Kästchen und male ein Bild von Dir." Einige Kinder malen sich vielleicht lieber gegenseitig.

Persönliche Arbeitsblätter

Die folgenden Schreibübungen fördern die Selbstwahrnehmung. Die Arbeitsblätter helfen den Kindern, in einer angenehmen Atmosphäre mehr über sich und andere herauszufinden. Sie können sie auch als Schreib- oder Leseprojekte verstehen.

Ballonblätter

ermuntern Kinder, zu erforschen, was sie gerne tun und sich selbst und anderen dabei Bestätigung zukommen zu lassen. Jedes Kind hat ein Blatt, auf dem mehrere Luftballons abgebildet sind. Geben Sie folgende Anweisungen:

Ich heiße ....

DAS BALLONBLATT

Diese Sache mache ich besonders gerne

* Schreib Deinen Namen auf das Papier.
* Schreib je eine Sache, die Du gerne tust, in jeden Ballon, z.B. Rollschuhlaufen, Eisessen, ins Kino gehen.
* Benutze Bunt-, Filz- oder Wachsmalstifte.
* Wenn Du magst, kannst Du die Ballons buntmalen oder weitere Ballons hinzufügen.

Ich über mich

ist ein nettes Spiel, besonders geeignet für den Beginn des Schuljahres, bei dem sich die Kinder gegenseitig vorstellen können. Wählen Sie die Fragen entsprechend dem Alter und den Interessen der Kinder aus. Jüngere Kinder bevorzugen Blätter, bei denen sie nur jeweils ein Wort eintragen müssen, ältere Kinder mögen Fragen, die es ihnen erlauben, eine Sache etwas ausführlicher zu beschreiben. Manchmal wollen die Kinder gleich mehrere *Ich über mich*-Blätter herstellen.

Ich heiße ....

ICH ÜBER MICH

1. Ich bin .... Jahre alt.
2. Ich habe .... Augen.
3. Ich habe .... Haare.
4. Ich wohne in ....
5. Ich wohne mit ....
6. Mein Lieblingsgericht ist ....
7. Meine Lieblingsfarbe ist ....
8. Ein Tier, das ich mag, ist ....
9. Ein Lied, das ich mag, ist ....
10. Mein Liebslingslied ist ....
11. Meine liebste Fernsehsendung ist ....
12. Ein guter Film, den ich gerade gesehen habe, ist ....
13. Eine Sache, auf die ich stolz bin, ist ....
14. Wenn ich könnte, würde ich .... besuchen
15. Mein Lieblingsspiel ist ....

Wie ich meine Zeit verbringe

läßt Kinder überlegen, was sie während des Tages machen. Neben oder in die gemalten Uhren schreiben die Kinder, was sie zu verschiedenen Zeiten morgens, nachmittags oder abends machen. Diese Übung kann im Zusammenhang mit einer Unterrichtseinheit über Uhr oder Zeit gemacht werden.

Ich heiße ....

WIE ICH MEINE ZEIT VERBRINGE

Vormittag

Nachmittag & Abend

Wenn ich eine Woche lang in Hamburg tun und lassen könnte, was ich wollte!

Diese Übung bringt Kinder dazu, sich vorzustellen, was sie gerne einmal tun würden, wenn sie nur dürften. Statt Hamburg können Sie für diese Schreibübung jeden anderen Ort nehmen.

Ich heiße ....

Wenn ich eine Woche lang in Hamburg tun und lassen könnte, was ich wollte!

Zuerst würde ich ....

....

Dann würde ich ....

....

....

....

....

....

....

Meine Familie

Dieses Arbeitsblatt kann im Zusammenhang mit der Übung *Familienbaum,* die im Anschluß beschrieben ist, ausgefüllt werden. Kinder mögen die Ausfüll-Übungen, sofern sie nicht als Test geschrieben werden, sehr gerne. Das Arbeitsblatt paßt gut in Arbeitseinheiten zur Familie oder in Schreib- und Buchstabierübungen. Stellen Sie eine Fragensammlung zusammen, die ihrer Klasse angepaßt ist. Einige Möglichkeiten wären:

* Eine häufige Beschäftigung am Samstag ist für uns ....
* Was mir wirklich gut an meiner Familie gefällt, ist ....
* Die jüngste Person in meiner Familie ist ......, die älteste ist ....
* Bei freier Wahl würden wir am liebsten in den Ferien ....

Wenn die Blätter ausgefüllt sind, können die Kinder sich hierdurch etwas über ihre Familien erzählen. In großen Gruppen können sie eine Sache von ihrem Blatt vorlesen. In kleinen Gruppen können sie einander alles oder einiges vom Ausgefüllten über das Leben ihrer Familien mitteilen. Wenn eine gute, vertraute Atmosphäre besteht, können die Kinder vielleicht über den Satz „Eine Sache, die ich in meiner Familie gerne ändern würde ....“ reden. Vielleicht entscheiden sich die Kinder auch für eine Diskussion über Problemlösungen, um die konkreten Probleme eines Kindes zu bearbeiten und verwendbare Lösungsmöglichkeiten zu sammeln.

Der Familienbaum

ist einfach ein Baum, an dessen Ästen kleine Schachteln hängen und auf dessen Spitze ein Kreis gemalt ist. Die Kinder schreiben in den Kreis ihren Namen und in die Schachteln die Namen der Familienmitglieder. Die einzelnen Schachteln sollten vorher nicht spezifiziert werden (Vater, Mutter, Bruder ...), um eine Ausgrenzung von Kindern, deren Familienverhältnisse diesem Muster nicht entsprechen, zu verhindern. Geben Sie Beispiele, wer noch alles zur Familie gehören kann: Onkel und Tanten, Nichten und Neffen, Cousins und Cousinen, Hunde, Katzen ... Wenn Kinder wollen, können sie den Verwandtschaftsgrad unter den Namen schreiben. Der Familienbaum paßt gut zu der Übung *Meine Familie*. Im Anschluß können Sie eine Runde machen zu „Eine Sache, die ich an meiner Familie mag". Das Ganze kann als Unterrichtseinheit über Familie oder einfach als Schreibübung dienen. Der Familienbaum macht sich auch gut in der Sammelmappe.

Weitere Blätter für die persönliche Sammelmappe zur Stärkung des Selbstwertgefühls

Fotoblätter

Machen Sie Fotos von jedem Kind der Klasse, am besten mehrere, von denen sich das Kind das schönste heraussuchen kann. Dieses Foto wird dann auf ein Blatt aufgeklebt und in die Mappe gelegt. Ältere Kinder wollen sich vielleicht gegenseitig fotografieren, oder Sie laden ein Elternteil eines Kindes oder eine Freundin ein, um die Fotos zu machen. Sie können auch ein Bild der gesamten Gruppe oder Klasse machen. Diese Übung läßt sich gut mit einer Unterrichtseinheit über das Fotografieren verbinden. Vielleicht machen Sie sogar mit der Klasse eine Fotoausstellung, die in der Klasse oder in der Schule veröffentlicht wird.

Puppen-Blätter

Nachdem die Kinder die Puppen gebastelt haben (Kapitel 10), können sie solche Selbstwert-Blätter für ihre Puppen anfertigen, mit dem Namen des Kindes und der Puppe. Anschließend können sie den Puppen angeheftet werden.

Sicher werden Sie selbst noch eine Menge eigene Ideen haben, um Arbeitsblätter zu erstellen. Gute Vorschläge kommen auch immer von den Kindern oder von Kollegen und Kolleginnen. Hier ist noch eine weitere Sammlung:

* Bücher, die ich gerne lese;
* Fernsehsendungen, die ich mag;
* Mein Lieblingsobst; mein Leibgericht;
* Was ich später einmal werden möchte;
* Meine schönste Ferienerinnerung;
* Ein gutes Gespräch mit einer Freundin oder einem Freund;
* Das Beste, was mir je passiert ist;
* Meine früheste Erinnerung;
* Ein Kalender mit wichtigen Daten.

EINE LANDKARTE VON
MEINER NACHBARSCHAFT

Ich heiße ....

Meine Adresse ist ....

....

Hier ist eine Karte meiner Nachbarschaft:

Viele dieser Übungen lassen sich auch mit anderen Spielen und Klassenaktivitäten kombinieren.

12 Wir basteln Musikinstrumente

Stärkung des Selbstvertrauens für alle

Bei dieser Aktivität gewinnen die Kinder durch ihre Fähigkeit, ein Musikinstrument zu basteln, eine positive Einstellung zu sich selbst. Sie können ihren Namen darauf schreiben, um zu zeigen, wer es gemacht hat und das Instrument nach Hause mitnehmen. Aber zunächst sollten die Instrumente in der Klasse bleiben, um gelegentlich für Gemeinschaftsaktivitäten zur Hand zu sein. Am Ende des Schuljahres können jedoch alle ihre Instrumente mit nach Hause nehmen. Das Basteln der nachfolgend beschriebenen Musikinstrumente erfüllt Kinder mit besonders viel Freude und Stolz.

Ukulele

Für jede Ukulele brauchen Sie einen leeren Milch- oder Saftkarton für 1-2 Liter und vier Gummibänder, die gut gespannt längs um die Papptüte passen. Machen Sie vier Kerben in die Spitze des Kartons und vier Kerben im gleichen Abstand an die unteren Kanten. In den Karton, der als Klangkörper dient, schneiden sie ein Loch. Auf die Form, rund, oval oder eckig, kommt es dabei nicht an. Schneiden sie den Karton zwischen Boden und Schall-Loch und zwischen Schall-Loch und Oberkante ein und klappen sie die beiden ca. 1-2 cm hohen Stege heraus, die den Gummis etwas Abstand von der Pappwand geben. Jetzt spannen sie die Gummis in die dafür vorgesehenen Kerben und fertig ist die Ukulele.

Tamburin

Für jedes Tamburin werden vier Kronkorken, ein Holzblock (3x3x18 cm), zwei kleine Nägel und ein dicker Nagel benötigt. Machen Sie mit einem großen Nagel jeweils ein Loch in die Mitte der Kronkorken. Dann nageln Sie mit den kleineren Nägeln jeweils zwei Kronkorken zusammen auf den Holzblock. Achten Sie darauf, daß die Kronkorken locker sitzen und sich frei bewegen können.

Trommeln

Benutzen Sie leere Dosen mit ihren Originaldeckeln oder drehen Sie sie auf den Kopf und lassen Sie mit stabilen Gummibändern Leinen oder andere schwere Stoffe über der Öffnung befestigen. Den Kindern wird es gefallen, die Trommel bunt anzumalen oder mit Bändern zu verzieren.

Marakas
Tun Sie trockene Bohnen oder Erbsen in Plastik- oder Blechbehälter und verschließen Sie diese sicher mit einem Klebeband. Beim Schütteln geben die verschiedenen Dosen je nach Größe und Menge des Inhaltes ein unterschiedliches Rasselgeräusch.

Xylophon
Für jedes Xylophon benötigen Sie einen Holzblock (5x10x30 cm) und 8-10 Nägel in verschiedenen Längen. Schlagen Sie die Nägel der Größe nach in den Holzblock. Mit dem längsten Nagel können Sie durch Anschlagen an die Nägel im Holzblock verschiedene Töne erzeugen. Das Instrument kann durch ein vorsichtiges Einschlagen der Nägel sogar gestimmt werden.

Sandblöcke
Für jedes Paar Sandblöcke benötigen Sie zwei Holzblöcke (10x 5x5cm), zwei Bogen Sandpapier, Klebstoff und einige Heftzwecken. Kleben Sie das Sandpapier auf die Holzblöcke, befestigen Sie die Ränder an den Seiten noch zusätzlich mit einigen bunten Heftzwecken. Lassen Sie den Klebstoff vor Gebrauch gut trocknen. Aneinander gerieben geben die beiden Holzblöcke jetzt ein großartiges, kratziges Geräusch.

Musik-
instrumente
basteln

13 Manchmal können alle gewinnen

Kreative Konfliktlösungen

Neue Möglichkeiten

Wenn wir das erste Mal in eine neue Klasse gehen und die Kinder fragen: „Was würdet Ihr tun, wenn Euch jemand schlagen würde?", wird oft geantwortet: „Ich würde zurückschlagen." Kinder sehen häufig keine Alternative zur Gewalt. Das *Konzept für einen Kreativen Umgang der Kinder mit Konflikten* (KUK) zeigt mögliche neue Antworten, indem es den Kindern hilft, ein Verständnis für die Komplexität von Konflikten zu erlangen, verschiedene Lösungen in Konfliktsituationen zu erwägen und die ihrer Ansicht nach beste in die Tat umzusetzen.

Während Kinder – und auch Erwachsene! – erst einmal lernen, ihre eigenen Alternativen zur Gewalt zu entdecken, sind sie oft über die große Zahl der Möglichkeiten überrascht, die lediglich durch die Grenzen ihrer eigentlich fruchtbaren Vorstellungskraft eingeengt werden und die weit über das hinausgehen, was sie zu Beginn für möglich hielten.

Der Prozeß, unterschiedliche Antworten auf Konflikte auszuprobieren, lehrt die Kinder durch ihre alltäglichen Lebenserfahrungen und hilft ihnen, eigene Werte zu entwickeln und sich ihrer bewußt zu werden. Dies sind wesentliche Schritte kreativer Konfliktlösungen. Durch diesen Prozeß erkennen Kinder, daß die besten und effektivsten Lösungen diejenigen sind, bei denen alle Beteiligten gewinnen.

Das KUK-Programm geht an Konfliktlösungen mit folgender Konzeption heran:

* Konflikte bestehen. Es wird sie immer geben und wir versuchen nicht, ihnen auszuweichen. Wir wollen die Fähigkeiten entwickeln, mit Konflikten umzugehen.
* Konflikte können zum Wachstum beitragen. Konflikte sind nicht immer gut, aber auch nicht immer schlecht. Durch sie können wir neue Dinge über uns und andere lernen. Durch Konflikte können wir uns auch weiterentwickeln.

* Für jeden Konflikt gibt es immer viele verschiedene Lösungen. Wir üben uns darin, neue Ideen zu entwickeln.
* Die Art und Weise, wie wir einen Konflikt definieren, steht in engem Zusammenhang damit, wie wir ihn lösen. Je genauer wir den Konflikt benennen, desto wahrscheinlicher werden wir eine Lösung für den Konflikt finden.
* Nicht alle werden einen Konflikt auf die gleiche Art und Weise definieren. Schwierigkeiten bei der Lösung resultieren oft daraus, daß das Problem unterschiedlich gesehen wird.
* Gewalt läßt Konflikte eskalieren. Diese Erfahrung machen wir immer wieder.
* Positive Gefühle können auch eskalieren. Je mehr wir andere und uns selbst bestätigen, desto einfacher wird alles und desto selbstsicherer werden wir.
* Manchmal können wir Lösungen finden, bei denen alle gewinnen; nicht immer, aber manchmal.

Techniken zur Entwicklung von Lösungen

Alle Übungen in diesem Buch tragen dazu bei, eine Atmosphäre zu schaffen, in der auf kreative Weise mit Konflikten umgegangen wird. Wenn Kinder zusammen arbeiten, miteinander kommunizieren und sich gegenseitig bestärken, entwickeln sie Respekt voreinander und den Wunsch, Probleme gemeinsam zu meistern.

Die Übungen und Techniken dieses Kapitels befähigen Kinder, sowohl mit Problemen, die im Schulalltag auftreten, als auch mit Alltagskonflikten außerhalb der Schule umzugehen.

Indirekte Erfahrung

In den folgenden Aktivitäten erfahren und lösen die Kinder Konflikte durch indirekte Erfahrung. Manchmal bietet es sich an, in kleinen Gruppen zu arbeiten, in denen die einzelnen Kinder spontaner über Lösungen diskutieren können. Wenn Sie von dieser Möglichkeit Gebrauch machen wollen, lesen Sie die Hinweise zur Kleingruppenarbeit im vierten Kapitel. Alle diese Aktivitäten nutzen das Gespräch und die Diskussion, um Kinder anzuregen, die Lösungen, die ihnen einfallen, auf ihre Praktikabilität zu überprüfen. Begegnen Kinder dann einem Problem, das dem ähnelt, das sie schon einmal gelöst haben, sind sie besser darauf vorbereitet, kreative Lösungen zu finden.

Sketche
Beschreiben Sie eine Konfliktsituation, die die Kinder als Sketch darstellen sollen. Die Situation sollte so alltagsnah wie möglich sein, z.B. die jüngere Schwester nimmt sich ein Buch von der älteren und sie streiten sich solange, bis die Mutter hinzukommt. Wie soll sie sich verhalten? Weitere Beispiele sind im Kap. 14, Konfliktszenarien, aufgelistet.

Stoppen Sie den Sketch, bevor es zu einer Lösung kommt. Lassen Sie die Kinder verschiedene Lösungen vorschlagen. Den Kindern fallen sicher mehr Lösungen ein, wenn die Szene noch keine Lösung vorgegeben hat, andernfalls orientieren sie sich oft an der Vorgabe; besonders jüngere Kinder imitieren leicht, was sie gerade sehen. Bilden Sie kleine Gruppen, um den Konflikt und die vorgeschlagenen Lösungen zu diskutieren. In jeder Gruppe übernimmt ein Kind die Rolle der Moderatorin oder des Moderators und stellt folgende Fragen:

* Worin bestand der Konflikt?
* Wie könnte eine mögliche Lösung aussehen?
* Welche Lösung sollten wir als Gruppe darstellen?
* Welche Rolle möchtest Du bei der Lösung spielen?

Nachdem jede Gruppe sich für eine Lösung entschieden hat, wird sie in den Sketch eingebaut und dieser weiter geprobt. Sind alle Gruppen damit fertig, werden die einzelnen Sketche vor der gesamten Klasse vorgestellt. Fassen Sie die dargestellten Lösungen am Ende noch einmal zusammen und lassen Sie die Kinder über die verschiedenen Reaktionen und Gefühle, die sie beim Spielen hatten, diskutieren. Es ist auch möglich, daß die Kinder ihre bevorzugte Lösung in einer Runde vorstellen, um direkt darüber zu reden, aber das Vorführen der Sketche macht allen, auch den Lehrerinnen und Lehrern, viel Spaß.

Puppenspiel
Jüngeren und schüchternen Kindern fällt es oft leichter, sich und ihre Gefühle mit Puppen auszudrücken. Sie können sich auch der Puppen

statt der Sketche bedienen, um Konflikte darzustellen. Auch hier bilden die Kinder kleine Gruppen, diskutieren den Konflikt und entscheiden sich für eine Lösung, die anschließend mit Puppen dargestellt wird. Zum Schluß diskutieren sie gemeinsam über alle vorgestellten Lösungen.

Rollenspiele

Bei Rollenspielen werden Rückmeldungen dazu benutzt, Kindern zu helfen, selbst neue Wege zu entdecken, wie sie auf Konflikte reagieren können. Im Rollenspiel können Reaktionen eines Kindes, an die es gewöhnt ist, sofort direkt angegangen und diskutiert werden, wenn sie für unpassend oder ineffektiv gehalten werden. Das führt dazu, daß Kinder verschiedene Lösungen ausprobieren.

Was bei Rollenspielen zu beachten ist

Rollenspiele stellen eine gute Methode dar, um Konfliktlösungen zu entwickeln. Beschreiben Sie der Klasse eine Konfliktsituation, legen Sie die Rollen fest und fragen Sie nach Freiwilligen, um das Rollenspiel durchzuführen. Sorgen Sie dafür, daß die Kinder alle wesentlichen Details des Konflikts verstanden haben, bevor das Rollenspiel beginnt. Lassen Sie das Rollenspiel zu einem natürlichen Ende kommen oder brechen Sie es ab, wenn die Kinder beginnen, sich zu wiederholen. Fragen Sie, wie die Darstellerinnen und Darsteller sich in ihren Rollen fühlten und was die anderen Kinder beobachtet haben. Anstatt einen Konflikt vorzugeben, können Sie mit den Kinder auch per brainstorming eine Reihe von Situationen, an denen die Kinder arbeiten wollen, sammeln und eine davon aussuchen.

Rollenspiele können auch dazu dienen, Lösungen für aktuelle Alltagskonflikte zu finden. Wenn sich zum Beispiel zwei Kinder um ein Buch streiten, weil beide denken, es wäre ihres, können Sie die beiden bitten, innezuhalten und eine andere Lösung zu spielen. Eine Möglichkeit wäre nachzuschauen, ob ein Name drinsteht. Lassen Sie die Kinder die Situation ruhig mehrmals spielen und diskutieren Sie zusammen mit den anderen Kindern die verschiedenen Lösungen. Manchmal ist ein Rollentausch (s.S. 100) bei der Lösung von aktuellen Konflikten recht effektiv.

Einige Spezialtechniken,
die im Rollenspiel benutzt werden können

Einfriertechnik

Hierbei handelt es sich um das Abstoppen der Handlung während eines Rollenspiels, um herauszufinden, warum Spielerinnen und Spieler sich im Augenblick so verhalten und wie sie sich angesichts dessen, was geschieht, gerade fühlen. Sie können sie direkt danach fragen oder auch andere spezifische Fragen stellen: „Sag uns eine Sache, die das andere Kind getan oder gesagt hat, worauf Du gerade reagierst." Indem Sie den Konflikt in einzelne Aktionsschritte unterteilen, können die Kinder erkennen, wie ein Konflikt eskaliert oder wie die Chance, eine Lösung zu finden, durch ein bestimmtes Verhalten, eine winzige Kleinigkeit oder mangelndes Zuhören ungenutzt verstreicht. Mit der Technik des Einfrierens können die Kinder auch schrittweise nachvollziehen, wie ein bestimmtes Verhalten zu einer Lösung führt.

Der Rollentausch

ermöglicht Kindern, beide Seiten des Konflikts zu sehen. Oft scheint eine Lösung unmöglich, weil die Kinder sich nur als Gegnerinnen oder Gegner und nicht mehr als Personen wahrnehmen. Durch einen Rollentausch kann auf einmal der Standpunkt von anderen besser verstanden werden, weil die Kinder durch das Spiel erfahren, was die anderen gerade selbst durchmachen; sie können die andere Seite erleben und spüren. Nachdem das Rollenspiel beendet ist, lassen Sie die gleichen Kinder die Situation mit vertauschten Rollen noch einmal spielen. Fragen Sie die Kinder, wie sie sich in den neuen Rollen gefühlt haben und diskutieren sie gemeinsam die neu gefundenen Lösungen. Sie können auch fragen: „Welche der Lösungen erscheint Euch am besten oder am realistischsten?" Rollentausch funktioniert sowohl in großen wie in kleinen Gruppen.

Alter-Ego – Hilfs-Ich

dient bei Rollenspielen dazu, sich einen Konflikt tiefgehender anzuschauen. Jedes rollenspielende Kind hat jemanden neben oder hinter sich, der oder die als Alter-Ego agiert. Das Alter-Ego spricht aus, was das spielende Kind wohl wirklich denkt oder fühlt, aber nicht sagt.

Videoaufnahmen

können bei der Analyse eines Rollenspiels eine große Hilfe sein. Nehmen Sie ein ganzes Rollenspiel ohne Unterbrechung auf Video auf. Bevor Sie das Band wieder abspielen, sagen Sie den Kindern, daß sie jederzeit das Band anhalten können, wenn sie eine Frage stellen, eine Beobachtung mitteilen oder eine Bemerkung machen wollen. Dies ist eine gute Methode, um besonders auf die Körpersprache zu achten oder die einzelnen Schritte der Entstehung des Konfliktes zu untersuchen. Videoaufnahmen lassen sich auch bei Sketchen oder Kommunikationsspielen sinnvoll einsetzen.

Besondere Arten von Rollenspielen

Schnelle Entscheidungs-Rollenspiele

helfen Kindern, spontan zu reagieren und schnell mit Lösungen aufzuwarten. Teilen Sie die Kinder zu Paaren auf; einige möchten vielleicht lieber beobachten. Benennen Sie zwei Charaktere für ein Rollenspiel, und lassen Sie die Kinder ihre Rollen wählen. Dann beschreiben Sie eine kurze Konfliktszene mit den zwei Charakteren und geben den Kindern eine Minute Zeit, die Szene zu spielen. Anschließend fragen Sie die Kinder, wie sie sich in ihren Rollen gefühlt haben und zu welchen Lösungen sie gekommen sind. Diesen Prozeß können Sie mehrmals wiederholen.

Ausgedehnte Rollenspiele

dienen dazu, komplizierte Probleme, in die mehrere Gruppen verstrickt sind, zu analysieren. Es dauert länger als ein reguläres Rollenspiel und hat mehr Mitspielerinnen, von denen der eine oder die andere jeweils eigene Ansichten vertritt. Ausgedehnte Rollenspiele können von Lehrerinnen oder Eltern eingesetzt werden, um Probleme in der Schule oder der Gemeinde deutlich zu machen und Lösungen zu entwickeln; sie bieten sich auch für Situationen an, die mehr als ein Problem enthalten.

Wählen Sie ein Szenario, an dem verschiedene Gruppen beteiligt sind und beschreiben Sie den Konflikt. Bilden Sie Gruppen, die die am Konflikt Beteiligten repräsentieren und geben Sie ihnen genaue Informationen über die Geschichte des Konfliktes und ihre Rolle darin. Sie können ein Treffen von zwei oder mehreren Gruppen arrangieren. Geben Sie vor Beginn genügend Zeit zur Identifizierung mit den Rollen und zur Vorbereitung, was die einzelnen Personen und Gruppen sagen und tun wollen.

Andere Aktivitäten zur Lösung von Konflikten

Die folgenden Aktivitäten helfen Kindern, Probleme zu verstehen, Informationen darüber zu sammeln und sie zu lösen. Sie demonstrieren, daß eine größere Auswahl an Lösungsmöglichkeiten entsteht, wenn Kinder zusammen an einem Problem arbeiten, als wenn ein Kind sich alleine damit herumschlagen muß. Diese Übungen unterstützen durch die Kooperation den Aufbau des Gemeinschaftsgefühls und fördern den Zusammenhalt der Kinder. Viele dieser Aktivitäten können auch in Gruppen von Lehrerinnen oder Lehrern zur Anwendung kommen, um Isolation zu überwinden und ein Gefühl des Vertrauens und der Vertrautheit zu fördern.

Brainstorming
beschreibt eine Art Wirbelwind, der durch den Kopf saust und alle Ideen unsortiert und von anderen unkommentiert ins Freie pustet. Es ist eine Methode, um verschiedene Lösungen für ein Problem zu sammeln. Sie entwickelt die Fähigkeit der Kinder, viele Antworten auf eine Frage zu finden. Die Wahrscheinlichkeit, eine einzigartige Lösung zu finden, steigt mit der Zahl der Lösungsvorschläge, die produziert werden.

Ein *brainstorming* macht Spaß, ist jedoch nur effektiv, wenn noch weitere Schritte zum Prozeß der Lösungsfindung hinzukommen. Nutzen Sie das brainstorming als eine Methode, um Ideen zu einem bestehenden Problem zu sammeln. Beschreiben Sie das Problem und fragen Sie: „Was würdest *Du* in dieser Situation tun?" Dann sammeln Sie die Antworten, *ohne daß sie kommentiert oder diskutiert werden.* Die Atmosphäre sollte frei von Wertungen sein, egal wie verrückt die Beiträge sind, damit auch außergewöhnliche Ideen geäußert werden, die sich später oft als die besten herausstellen. Schaffen Sie eine Atmosphäre, in der die Ideen für sich stehen und nicht mit den Kindern gleichgesetzt werden, die sie geäußert haben. Lassen Sie die Ideen an die Tafel schreiben, wo sie von allen gelesen werden können. Wenn keine Wortmeldungen mehr kommen, gehen Sie die Liste noch einmal gemeinsam durch. Ordnen und klären Sie die Begriffe, wenn nötig. Diskutieren Sie die Ideen, die am erfolgversprechendsten klingen.

Nutzen Sie brainstormings, um Lösungsmöglichkeiten zu finden, um Probleme zu definieren, um herauszufinden, an welchen Konflikten die Kinder arbeiten wollen, um Konfliktursachen zu identifizieren, oder wo immer Sie es für angebracht halten.

Übungen zur schnellen Entscheidungsfindung

helfen den Kindern, Problemlösungen auch in einer kurzen Zeit zu finden. Stellen Sie der Klasse ein Problem vor, bilden Sie Paare oder Kleingruppen, die eine Lösung finden sollen, mit der beide bzw. alle einverstanden sind. Begrenzen Sie die verfügbare Zeit auf eine Minute. Wiederholen Sie diesen Prozeß mit unterschiedlichen Konfliktsituationen, bis die Kinder in der Lage sind, sich in der gegebenen Zeit auf eine Lösung zu einigen. Die Klasse soll anschließend die Lösungen diskutieren und darüber sprechen, wie es war, unter diesem Druck Entscheidungen zu treffen.

Persönliche Konfliktgeschichten

helfen den Kindern, verschiedene Arten von Konflikten zu sehen und deren Ähnlichkeiten zu entdecken. Bilden Sie kleine Gruppen und bitten Sie jedes Kind, einen Konflikt darzustellen, den es einmal erlebt hat. Dann stellen Sie die folgenden Fragen:

* Wie können wir diese Konflikte in eine Geschichte einbinden?
* Wie könnten einige Lösungen für die Konflikte aussehen?
* Können wir alle diese Konflikte und Lösungen in einer Geschichte unterbringen?

Benutzen Sie einen Kassettenrekorder, um die Geschichten festzuhalten. Einige Kinder brauchen vielleicht Hilfe, um die Geschichte in eine endgültige Form zu bringen.

Nutzen Sie die Übung als Training zum Aufsatzschreiben und lassen Sie die Kinder zusammen daran arbeiten, die Geschichte aufzuschreiben und zu illustrieren. Stellen Sie aus den verschiedenen Geschichten ein kleines Buch zusammen, um es auch andere lesen und sich daran freuen zu lassen. Anstelle eines Buches können die Kinder aus ihren persönlichen Konfliktgeschichten auch ein kleines Theaterstück oder ein Puppentheaterstück schreiben. Achten Sie darauf, daß den Kindern klar ist, was sie ausdrücken möchten, bevor sie das Stück aufführen.

Konfliktgeschichten lesen

paßt gut in den bestehenden Lehrplan. Wählen Sie eine Geschichte aus und lesen Sie sie der Klasse vor. Bevor der Konflikt gelöst ist, stoppen Sie und lassen Sie die Kinder mit der *brainstorm*-Übung mögliche Lösungen nennen. In kleinen Gruppen können die Kinder dann die verschiedenen Lösungen diskutieren; finden Sie heraus, welche Lösung nach Meinung der Kinder die beste ist. Anschließend lesen Sie die Geschichte zu Ende vor und besprechen die dort vorkommende Lösung. Dies ist eine Möglichkeit, Kindern zu zeigen, daß es viele verschiedene Lösungen gibt und es nicht nötig ist, in einer bestimmten Art und Weise des Umgangs mit Konflikten steckenzubleiben.

Märchen erfinden

ist eine Form, Konfliktlösungen zu finden, die Kinder lieben. Stellen Sie ein Problem vor und lassen Sie die Kinder einzeln oder in Kleingruppen Märchen erfinden, die eine Lösung beinhalten, die sie bei alltäglichen Konflikten gern erleben würden. „Es war einmal ein Junge, der verstand sich überhaupt nicht mit seiner Schwester, da sie ihm immer seine Bücher wegnahm. Eines Tages nahm sie sein Lieblingsbuch und da wurde er so wütend, daß er sie anschrie, bis sie zu weinen anfing." Diese Aktivität kann auch als Übung zum Aufsatzschreiben benutzt werden. Einige Kinder werden vielleicht beim Schreiben ihres eigenen Märchens ein wenig Hilfe brauchen, andere möchten vielleicht lieber ihre Geschichte mit einem Kassettenrekorder aufnehmen. Die Kinder wollen die Geschichten vielleicht lieber in den Kontext eines richtigen Märchens (Schneewittchen, Rotkäppchen usw.) stellen oder eigene Phantasiegestalten erfinden. Die Märchen können dann vorgelesen oder auch vorgespielt werden.

Zukunftsbilder malen

ist eine Übung, in der die Kinder ihre ideale Schule, Gemeinde oder Nachbarschaft malen. Die Übung hilft ihnen, darüber nachzudenken, welche Probleme dort existieren und wie mögliche Lösungen aussehen könnten. Zu zweit oder in kleinen Gruppen zu arbeiten, zu entscheiden, wie das Bild aussehen soll, fördert ihre Kooperationsfähigkeit, während Kinder, die alleine arbeiten, ihre eigene, einzigartige Utopie entwickeln können. Die Bilder können im Anschluß präsentiert und diskutiert oder auch für andere ausgestellt werden.

Die Zukunftsgalerie

hilft Kindern, sich konkret zu Veränderungen, die sie gerne hätten, zu äußern. Wählen Sie ein Thema, wie z.B. die Schule, und fragen Sie die Kinder, was sie gerne in der Schule verändert sehen würden. Sie können die Kinder bitten, nur einen Aspekt zu nennen, den sie verändern möchten, und daran kann dann in kleinen Gruppen weiter diskutiert werden. Eine andere Möglichkeit wäre, die verschiedenen Ideen zu kombinieren und später der ganzen Klasse zur breiten Diskussion vorzulegen. Um noch spezifischer zu sein, können Sie fragen, was sie in einem Monat, in einem Jahr, etc. verändert sehen möchten.

Comic-Geschichten selbermachen

Selbstgemachte Comic-Geschichen machen viel Spaß und sind eine ungewöhnliche Art, Konfliktlösungen zu suchen. Diese Übung funktioniert prima in jeder Gruppe, die schon schreiben kann. Zeichnen Sie ein paar Bildseiten einer Konfliktsituation: ein Junge geht mit einem Ball durch den Park; jemand geht auf ihn zu und sagt „Gib mir den Ball!" Lassen Sie die Kinder einzeln oder in kleinen Gruppen die Comic-Geschichte fortsetzen und auf den noch offenen Seiten ihre eigenen Lösungen eintragen. Für die jüngeren Kinder sollten Sie Arbeitsblätter parat haben, auf denen der Anfang der Geschichte schon drauf ist. Ältere Kinder können ihre Geschichte selbst von Null anfangen. Wenn in Kleingruppen gearbeitet wird, sollten die Comics auf große Bögen gezeichnet werden, die dann an der Wand zu einer Ausstellung aufgehängt werden. Danach sollten die verschiedenen Lösungen, die ihnen eingefallen sind, zusammen diskutiert werden. Stellen Sie klar, daß es hierbei nicht auf die Fähigkeit zum guten Zeichnen und Malen ankommt, und daß auch Klebefiguren o.ä. benutzt werden können.

Selbstgemachte Comic-Bücher

Es können auch ganze Comic-Bücher zusammengestellt werden mit den einzelnen Comic-Geschichten, aus denen hervorgeht, welche Konflikte Kinder selbst erlebt oder sich ausgedacht haben. Es macht ihnen viel Spaß, an solchen Comic-Büchern zu arbeiten und sie sehen dies als eine besonders erfreuliche Form des Aufsatzschreibens.

Die Überraschungs-kiste

Erzählen Sie der Klasse, daß eine Überraschungskiste für sie angekommen ist und dann bringen Sie eine große Kiste herein, aus der zwei Kinder steigen, die wie Puppen angezogen und geschminkt sind. Die Kiste hat einen Auf-kleber, auf dem steht: „Wir sind mechanische Puppen. Wir werden lebendig, wenn es Konflikte zu lösen gibt." Bitten Sie die anderen Kinder, sich Konflikte auszudenken und den Puppen so zu erzählen, daß diese verstehen, worum es sich handelt. Verstehen es die Puppen nicht genau, sollen sie leblos dastehen, bis der Konflikt genau erklärt ist. Lassen Sie die Puppen genug Lösungen vorschlagen, damit es anschließend zu einer lebhaften Diskussion kommt. Die Puppen sollten solange ihre Puppenrollen beibehalten, bis sie den Klassenraum verlassen haben. Wenn sie dann, ohne die Kostüme und abgeschminkt in die Klasse kommen, können sie sich vielleicht noch für ihre Verspätung entschuldigen.

Diskutieren Sie mit den Kindern die verschiedenen Konflikte und Lösungsideen. Das märchenhafte an dieser Übung macht sie besonders für jüngere Kinder attraktiv. Lassen Sie die Puppen von solchen Kindern spielen, die bei der schnellen Entscheidungsfindung gute Fähigkeiten gezeigt haben.

Ich wünsche mir eine Lösung für ...

ist eine Übung, die für die Arbeit in den USA aus dem Buch *The practice of Creativity* von George M. Prince leicht abgewandelt wurde. Diese Methode schafft eine Struktur, in der Kinder in einer sie unterstützenden Gruppe an ihren Problemen arbeiten können. Probleme gehen oft mit Schuldzuweisungen einher, aber wenn die Lösung als „Phantasie" oder als „Wunsch" deklariert wird, wird ihre Wertfreiheit stärker herausgestellt. Wenn die Kinder die Formulierung „Ich wünsche mir..." benutzen, kommen leichter Lösungen heraus, die frei von Schuldzuweisungen sind. Stellen Sie sich folgende Situation vor: Ein Kind macht ständig die anderen Kinder der Klasse herunter. Anstatt mit einer Schuldzuweisung zu reagieren und zu sagen „Die Lehrerin hat dafür zu sorgen, daß das Kind die anderen in Ruhe läßt!", könnte eine „Ich-wünsche-mir-Lösung" sein „Ich wünschte, das Kind würde etwas finden, was es gut kann und würde sich selbst mehr mögen". Bilden Sie Gruppen zu maximal sieben Mitgliedern. Die Gruppen sollten möglichst homogen sein, obwohl manchmal Personen, die mit den diskutierten Problemen nicht so vertraut sind, frischen Wind und neue Ideen einbringen können. Jede Gruppe wählt eine Moderatorin oder einen Moderator, der oder die auch die Ergebnisse aufschreibt und schrittweise folgende Aufgaben erledigt:

1. Macht ein *brainstorming* und schreibt die Probleme auf, die Euch einfallen. Alle sollen die gleiche Chance der Teilnahme haben. Fertigt eine Liste an, so daß sie für jedes Kind sichtbar ist. Die Probleme können sich auf einen bestimmten Bereich, z.B. die Schule oder etwas innerhalb des Klassenraumes, beschränken.
2. Wählt ein Problem aus, an dem ihr arbeiten wollt.
3. Der Besitzer oder die Besitzerin des Problems soll in zwei oder drei Minuten das Problem genau beschreiben, so daß alle wissen, um was es geht.
4. Macht ein brainstorming zu *Ich-wünsche-mir-Lösungen* und schreibt sie auf.
5. Die Besitzerin des Problems wählt eine Lösung aus und listet alle möglichen Schwierigkeiten oder Gegenargumente auf.
6. Macht ein brainstorming zu der Frage, wie den Schwierigkeiten begegnet werden kann und schreibt die Antworten auf. Achtet darauf, daß ihr an diesem Punkt das Problem nicht noch größer macht.
7. Die Besitzerin des Problems soll erklären, wie sie die Lösung ver-

wirklichen will und wann sie damit anfangen wird. Gebt ihm oder ihr die protokollierten Lösungen. Geht zurück zu Schritt zwei (s. oben), verfahrt ähnlich mit dem nächsten Problem. – Achtet darauf, daß die Probleme aller einmal drankommen und auch die Moderation dabei reihum abwechselt. Wer lieber einmal aussetzen möchte, darf dies und soll später eine erneute Chance bekommen.

Diese Aktivitäten helfen Lehrerinnen und Lehrern, an die beständigen Probleme der Klasse mit einem neuen Blick heranzugehen.

Kartenspiele

regen Kinder dazu an, sich über ihre Gefühle bei bestimmten Problemen auszutauschen. Geben sie jedem Kind eine leere Karte und lassen Sie die Antworten zu einer Frage wie „Nenne drei Dinge, die Du in der Schule schwierig findest oder die Dich aufregen." aufschreiben. Sammeln Sie die Karten ein, mischen Sie sie und teilen Sie sie wieder aus, so daß jedes Kind die Karte eines anderen Kindes hat. Dann lesen die Kinder eine Antwort von der Karte vor und sagen, wie sie dazu stehen.

Dieses Spiel entwickelt zwar keine Lösungen, aber es hilft den Kindern zu erkennen, daß andere ähnliche Sorgen und Befürchtungen haben. Es unterstützt die Bildung des Gemeinschaftsgefühls und bietet Stoff für Sketche und Rollenspiele über persönliche Probleme der Kinder.

Konflikt-Videos

können mit Geschichten, Sketchen oder Puppenspielen, die die Kinder bereits entwickelt haben, gemacht werden. Ziel sollte sein, daß die Kinder kooperieren und etwas schaffen, zu dem jedes Kind etwas beigetragen hat. Alle sollen mitbestimmen dürfen, welcher Konflikt und welche Lösung gefilmt wird und jedes Kind soll eine Aufgabe dabei haben.

Aber wie lösen wir das Problem ?

Einige Konfliktszenarien

14

In diesem Kapitel finden Sie Beispiele von Konflikten, die Kinder aus der Schule oder ihrem sonstigen Alltag kennen. Es handelt sich um Konflikte zwischen Kindern, zwischen Lehrerinnen und Kindern, Eltern und Kindern sowie unter Erwachsenen. Bedienen Sie sich dieser Beispiele, um eigene Szenarien, Sketche, Rollenspiele, Puppentheater, Diskussionen, brainstormings oder Problemlösungen zu entwickeln. Viele Beispiele eignen sich auch für Diskussionen darüber, wie in Konflikten vermittelt werden kann. Sie können auch darüber reden, wie mit Humor Spannungen leichter abgebaut werden.

Konflikte in der Schule von Kind zu Kind

Auch wenn sich die Konflikte hauptsächlich zwischen Kindern abspielen, können in die Entwicklung einer Lösung auch Lehrerinnen und Lehrer einbezogen werden.

Aggression
In der Pausenhalle schlägt ein Kind einem anderem ein Buch aus der Hand, tritt darauf herum und lacht darüber.

Ausschließen
Zwei Kinder spielen mit einem Ball. Ein drittes Kind kommt hinzu und fragt, ob es mitspielen darf. Eines der Kinder sagt „nein", weil es das hinzugekommene Kind nicht mag, das andere Kind zögert mit der Antwort.

Heruntermachen und demütigen
Ein Kind trägt in der Schule oft abgetragene Kleidung. Ein anderes Kind zieht es dauernd wegen seiner Kleidung auf.

Besitzverhältnisse
Zwei Kinder streiten sich um einen Bleistift. Eins wirft dem anderen vor, den Stift gestohlen zu haben. Das beschuldigte Kind behauptet, es hätte den Stift von zu Hause mitgebracht.

Streiche
Im Speisesaal kommt ein Kind zu seinem Platz zurück und sieht, daß jemand Milch über seine Frikadelle gegossen hat. Mindestens zwei Kinder sitzen in nächster Nähe.

Freundinnen – Freunde
Im Speisesaal hat ein Kind zwei Stücke Kuchen. Eins ißt es selbst, das andere gibt es einer Freundin. Ein drittes Kind kommt vorbei und möchte auch ein Stückchen haben. Das erste Kind mag das hinzugekommene Kind nicht, aber die Freundin mag es.

Konflikte in der Schule zwischen Kind und Lehrerin

Stehlen
Vom Lehrer-Pult ist Geld gestohlen worden. Es besteht ein Verdacht gegen ein Kind, aber es gibt keine Beweise.

Bevorzugen
Drei Kinder gehen zur Lehrerin und sagen, daß sie den Eindruck haben, daß diese ein Kind dauernd bevorzugt, und daß sie das leid sind.

Mogeln
Zwei Kinder spielen in ihrer Freizeit Mühle. Eines kommt zum Lehrer gerannt und beklagt sich, daß das andere Kind immer mogelt.

Platz beim in der Reihe stehen
Mehrere Kinder kommen von der Turnhalle und stellen sich vor dem Kiosk auf. Die Lehrerin bittet das zweite Kind in der Reihe, eine Mappe aus dem Lehrerzimmer zu holen. Danach möchte das Kind wieder an seinen alten Platz in der Reihe.

Zu spät kommen
Ein Kind kommt zum dritten Mal hintereinander 10 Minuten zu spät. Der Lehrer hat gerade seine Anweisungen für eine Übung beendet.

Unvorbereitet sein
Die Lehrerin merkt in der Mitte der Unterrichtsstunde, daß ein Kind nicht mitschreibt. Sie erfährt, daß das Kind keinen Stift dabei hat. Das ist schon einige Male zuvor vorgekommen.

Spickzettel
Der Lehrer verdächtigt zwei Kinder, geschummelt zu haben, weil sie ähnliche Antworten bei einem Test abgeliefert haben. Nachdem er in einem ihrer Tische einen Spickzettel gefunden hat, bittet er die Kinder nach dem Unterricht zu sich.

Weigerung, Anweisungen zu folgen
Die Lehrerin sagt einem Kind, es solle die Türe schließen. Das Kind sagt mit lauter Stimme „nein".

Feueralarm
Die Schulordnung verbietet es, während des Feueralarms zu sprechen. Ein Kind sieht, daß auf dem Fußboden Wasser ist und warnt die anderen. Der Lehrer hört das Kind reden und verhängt Nachsitzen.

Lehrerin oder Lehrer ist von einem Kind genervt
Ein Kind meldet sich fortwährend, während die Lehrerin die Hausaufgaben erklärt. Die Lehrerin bat, alle Fragen bis zum Ende ihrer Erklärungen zurückzustellen, aber das Kind meldet sich weiterhin, weil es nicht zuhören kann.

Konflikte zu Hause: Geschwisterrivalität

Ein Buch für zwei Kinder
Zwei Kinder sind abends zu Hause. Ein Kind liest ein Comic-Buch. Das andere Kind kommt ins Zimmer und möchte das gleiche Buch lesen.

Wessen Buch ist das?

Ein Kind liest in einem Buch, das die ältere Schwester sich aus der Bücherei ausgeliehen hat. Diese kommt nach Hause, verlangt das Buch und sagt, es sei ihres. Das jüngere Kind protestiert und sagt, es hätte das Buch gefunden. Die Schwester sagt, das jüngere Kind könne ja noch gar nicht lesen, aber dies möchte trotzdem das Buch behalten.

Wer darf das anziehen?

Zwei Brüder ziehen sich für die Schule an. Einer zieht einen Pullover an, den der andere gerade heute tragen wollte. Der erste rechtfertigt sich, ihm wäre gesagt worden, er könne ihn ruhig anziehen.

Konflikte zu Hause zwischen Eltern und Kindern

Die folgenden Konflikte sind aus dem Familienalltag gegriffen und eignen sich als Übungen für Elterngruppen oder Gruppen von Eltern und Kindern.

Babysitting

Eine Zwölfjährige möchte gerne einen Job als Babysitter annehmen, um ihr Taschengeld aufzubessern. Pro Woche müßte sie zwei- bis dreimal arbeiten. Die Eltern kennen die andere Familie nicht.

Verantwortung

Ein Kind kommt nichts Böses ahnend zum Abendessen nach Hause, nachdem es den Nachmittag mit Freundinnen oder Freunden gespielt hat. Die Mutter ist wütend, weil sie dem Kind gesagt hatte, direkt nach der Schule heimzukommen, um auf das Baby aufzupassen, da sie zum Arzt muß.

Familienrat

Die Familie versucht, einen gemeinsamen Arbeitsplan für die Hausarbeit aufzustellen. Bisher hat die Mutter alle Arbeiten allein gemacht, ist aber unzufrieden und wütend, weil sie es leid ist, daß ihr niemand hilft, wenn sie nicht dauernd darum bittet.

Heimlichkeiten

Ein Elternteil hat bei der Wäsche in der Jacke eines Kindes Zigaretten gefunden. Die Eltern wollen nicht, daß das Kind raucht und sind ärgerlich, daß das Kind Geheimnisse vor ihnen hat. Das Kind kommt gerade von der Schule nach Hause.

Alltagskonflikte von Kindern außerhalb von Schule und Elternhaus

Die folgenden Konflikte passieren, wenn weder Lehrerinnen noch Eltern da sind, um bei der Lösung behilflich zu sein. Es können jedoch auch Erwachsene in die Szene eingebunden werden, wenn dies nötig sein sollte. Die Beispiele eignen sich für Eltern-, Leiterinnen- oder Hortgruppen.

Moralisches Dilemma

Einem Mädchen wurde vom Vater verboten, auf Bäume zu klettern, weil er Angst hat, es könnte sich verletzen. Sie hat versprochen, nicht mehr auf Bäume zu klettern, obwohl ihr das viel Spaß macht und sie auch recht geschickt dabei ist. Eines Tages sieht sie auf dem Schulweg zusammen mit einer Freundin ein Katzenjunges auf einem Baum. Sie fürchten beide, das kleine Kätzchen könnte herunterfallen; ihre Freundin ist noch nie auf einen Baum geklettert. Das Mädchen wüßte, wie es die Katze retten könnte, aber erinnert sich auch an das Versprechen, das es dem Vater gegeben hat.

Falsche Beschuldigungen

In einem Buchladen schaut sich ein Kind verschiedene Comics an, um ein Heft zu kaufen. Das Kind hat schon die meisten Exemplare der Serie gelesen und sucht nach einem neuen Heft. Die Verkäuferin glaubt, daß das Kind lesen will, ohne zu bezahlen oder vielleicht sogar etwas stehlen möchte und beginnt das Kind anzuschreien.

Probleme mit stärkeren Kindern

1. Ein Kind spielt mit einem neuen Spielzeug. Ein älteres Kind kommt vorbei und versucht, ihm das Spielzeug wegzunehmen.
2. Auf dem Weg zur Schule bedrängt ein stärkeres Kind ein jüngeres

Kind und will diesem das Essensgeld fortnehmen.

Stehlen

Vor einem Laden steht ein Kind, das ein paar Zigaretten stehlen will, aber es braucht noch einen Komplizen, da es das letzte Mal fast erwischt worden wäre. Das andere Kind möchte nicht so gerne mitmachen, da es spürt, daß das nicht recht ist.

Alltagskonflikte von Erwachsenen

Weil kreative Konfliktlösungen in vielen Situationen angebracht sind, fügen wir auch noch ein paar Beispiele für Erwachsene ein. Sie können in Weiterbildungs-workshops, Elterngruppen, Oberschulklassen oder anderswo zur Anwendung kommen.

Musikhören

Sie hören mit Ihrer Freundin zusammen Musik. Ihr Zimmerkollege will lernen.

Nachbarinnen und Nachbarn

Auf der Grenze zwischen Ihrem Grundstück und dem der Nachbarin steht ein Apfelbaum. Sie möchten gerne, daß der Baum nicht gespritzt wird und die Kinder darauf klettern dürfen. Die Nachbarin möchte Schädlingsbekämpfungsmittel spritzen und die Äpfel ernten. Sie wollen beide versuchen, den Konflikt zur beidseitigen Zufriedenheit zu regeln.

U-Bahn oder Straßenbahn

1. Eines Abends bemerken Sie in der Bahn, wie ein Mann Sie anstarrt. Sie gehen in eine andere Kabine, aber der Mann folgt ihnen. An der nächsten Haltestelle steigen Sie aus, der Mann ebenso. Die Bahn wird jeden Moment wieder abfahren.
2. In der Bahn oder im Bus sehen Sie, wie vier Jugendliche jemanden in Ihrem Abteil anpöbeln.

Anmache auf der Straße

1. Sie sind eine Frau, die abends alleine nach Hause geht. Ein Mann, der Ihnen entgegenkommt, rempelt Sie scheinbar unabsichtlich an

und macht eine abfällige Bemerkung.
2. Sie gehen abends alleine nach Hause und bemerken, wie zwei Männer Ihnen folgen. Sie wechseln die Straßenseite, die beiden Männer folgen Ihnen immer noch.

Theater
Sie warten vor dem Theater auf eine Freundin, die Sie eingeladen hat und die Karten mitbringen will. Ihre Freundin wollte vor 30 Minuten dasein, in fünf Minuten beginnt das Stück. Ihre Freundin kommt zwar noch, aber jetzt können Sie erst in der Pause hineingehen.

Raubüberfall
Sie gehen allein auf der Straße, plötzlich steht jemand vor Ihnen und verlangt Ihr Geld. Er ist wesentlich größer und stärker und sagt, er habe ein Messer, das Sie jedoch nicht sehen können.

15 Versteht mich denn niemand?

Die Notwendigkeit, Gefühle mitzuteilen und Vertrauen zu entwickeln

Reservieren Sie bei jeder Übung etwas Zeit, in der die Kinder sich gegenseitig ihre Gefühle mitteilen können. Für Kinder ist es wichtig, nicht nur darüber zu reden, was sie bei einer Übung gelernt, sondern auch wie sie sich dabei gefühlt haben. Ein Rollenspiel kann z.B. eine Menge Gefühle in einem Kind wecken, die mit seiner persönlichen Geschichte zusammenhängen. Sich diese Gefühle gegenseitig mitzuteilen, bringt die Kinder näher zusammen und schafft eine Atmosphäre des Vertrauens und der Offenheit. In einer solchen Atmosphäre entwickeln Kinder einen bewußten Zugang zu gegenseitiger Bestätigung, Kooperation, Kommunikation und kreativer Konfliktlösung. Um dieses Ziel zu erreichen, ist es wichtig, daß sowohl positive wie auch negative Gefühle mitgeteilt werden können. Die folgenden Übungen helfen Kindern, über ihre Gefühle zu sprechen und diese Ziele zu erreichen.

Geben-und-nehmen-Runde

fördert eine gleichberechtigte Teilnahme und eine gute Atmosphäre. Es gibt zwei Grundregeln:

1. Alle haben die Chance, etwas zu sagen.
2. Allen wird aufmerksam zugehört.

Stellen Sie eine Frage, die zu einer interessanten Diskussion führt, z.B. „Wie wäre Dein Ideal-Zimmer eingerichtet?" Lassen Sie die Kinder nach Handzeichen reden oder machen Sie eine Runde, aber begrenzen Sie die Redezeit für jedes Kind auf 30 Sekunden. Bedienen Sie sich dieser Übung regelmäßig und verbinden Sie sie mit anderen Übungen und Spielen zur Verbesserung der Gruppenatmosphäre. Nutzen Sie sie, wenn es in der Gruppe Probleme gibt oder integrieren Sie sie in Diskussionen über Bücher, Theaterstücke, Klassenfahrten oder Kinofilme. Wenn die Kinder mit dieser Art von Runden vertrauter sind, können Sie sie auch bei schwierigeren Themen einsetzen, z.B. „Wann hast Du Dich einmal ausgegrenzt gefühlt?" Sprechen Sie derartige Themen erst an, wenn die Kinder ein gutes Verhältnis zueinander entwickelt haben und ohne Schwierigkeiten über ihre Gefühle sprechen können. Weitere mögliche Themen für die Geben-und-nehmen-Runden wären: meine früheste Erinnerung; eine Erfahrung, die ich nicht missen möchte; meine Vorstellung von einer idealen Familie. Geben-und-nehmen-Runden passen zu jedem Thema, zu jedem Alter und sind auch für Unterstützungsgruppen von Eltern, Lehrern und Lehrerinnen geeignet.

Sozialbarometer

ist eine lustige Art für Kinder, ihre Gefühle mitzuteilen. Malen sie eine Zahlenskala von -5 bis +5 an die Tafel. Die Kinder stehen alle an der 0-Marke. Nacheinander dürfen alle Kinder verschiedene Fragen stellen, zu Filmen, Geschwistern, Geld, Fahrrädern, Spazierengehen, Mathematikaufgaben, Zimmer aufräumen, den Abwasch machen und den Boden putzen. Die Fragen sollen in einer einfachen Ja/Nein-Form gestellt werden, wie z.B. „Gehst Du gerne ins Kino?" „Hättest Du gerne viele Brüder und Schwestern?" Kinder mit positiven Gefühlen zu der Frage bewegen sich in die Plus-Richtung der Tafel entsprechend der Stärke ihres Gefühls. Kinder mit negativen Gefühlen gehen entsprechend weit in die Minus-Richtung. Wenn die Klasse zu groß ist, um gemeinsam diese Übung zu machen, bilden Sie Kleingruppen und lassen Sie die Gruppen einander die Fragen stellen.

Vertrauensspiele

Vertrauensspiele helfen Kindern, positive Gefühle zueinander aufzubauen und eine kooperative Stimmung zu erzeugen. Spielen Sie diese Spiele nur, wenn in der Klasse bereits ein gewisses Vertrauen unter den Kindern besteht und sie sich ganz wohl fühlen, miteinander über ihre Gefühle zu sprechen.

Blind vertrauend führen, sich führen lassen,

lehrt die Kinder, einander zu vertrauen. Die Kinder bilden Paare und ein Kind führt das andere, dem mit einem Schal die Augen verbunden wurden. Es erklärt dem nun blinden Kind genau, wohin sie gehen, was zu erwarten ist und wie es sich zu verhalten hat, damit es nirgendwo anstößt oder hinfällt. Das blinde Kind sollte dem führenden Kind ganz vertrauen. Dann wechseln die beiden die Rollen. Im Anschluß sprechen die Kinder darüber, wie sie sich als Blinde und wie sie sich als Führende erlebt haben. Die Reaktionen der Kinder auf ihr eigenes Vertrauen und das Vertrauen, das ihnen entgegengebracht wurde, überrascht sie oft.

Sich vertrauensvoll fallen lassen,

unterstützt die Bildung des Gemeinschaftsgefühls und stärkt das Selbstbewußtsein. Die Kinder stehen in einem sehr engen Kreis zusammen und strecken ihre Hände in die Mitte. Ein Kind steht in der Mitte des Kreises und läßt sich, den ganzen Körper steif haltend, in den Kreis fallen. Die im Kreis stehenden Kinder fangen das Kind in der Mitte auf und reichen es vorsichtig weiter. Wenn es die Zeit zuläßt, darf jedes Kind einmal in der Mitte stehen.

Ein Blatt im Wind

ist ähnlich wie die Übung *Sich vertrauensvoll fallen lassen.* Ein Kind liegt zu Beginn mit dem Rücken auf dem Boden. 8-10 Kinder stehen an den Seiten und am Kopf und heben das Kind langsam und vorsichtig vom Boden hoch, bis es über ihren Köpfen schwebt. Es kann hochgehoben, runtergelassen, in der Klasse herumgetragen werden und schließlich, wiederum ganz langsam, wiegend, wie ein Blatt im Wind, wieder zu Boden gelassen werden, ganz wie es dieses Kind oder die es tragende Gruppe möchte. Ebenso wie bei der Übung *Sich vertrauensvoll fallen lassen,* können Sie im Anschluß mit den Kindern darüber sprechen, wie sie sich in den verschiedenen Rollen gefühlt haben.

Masken, wie sie auch schon Kinder tragen,

führt zu Gesprächen über verschiedene Rollen und wann wir in eine Rolle und in welche schlüpfen. Beginnen Sie mit einem brainstorming zu Situationen, in denen die Kinder sich – in der Schule oder zu Hause – immer wieder erleben, z.B. morgens geweckt werden, Frühstücken, im Schulbus, die Hausaufgaben vergessen haben oder zu spät abgeben, geärgert werden, zu spät nach Hause kommen, in der Cafeteria, beim Abendessen usw. Die Kinder kommen in kleinen Gruppen zusammen und entwickeln kurze Theaterszenen zu einzelnen Situationen, die im brainstorming genannt wurden. Wenn Handlung und Rollenbesetzung abgeklärt sind, sollen sie Masken basteln, die ihre jeweilige Gefühlslage wiedergeben. So könnte z.B. ein Kind morgens in der Bahn oder im

Bus in eine Maske geschlüpft sein, die Einsamkeit oder Müdigkeit ausdrückt. Ein anderes Kind, das seine Hausaufgaben vergessen hat, kann eine Maske tragen, die Angst darstellt. Lassen Sie die Kinder ihre Szene spielen und anschließend diskutieren. Jüngere Kinder haben wahrscheinlich Schwierigkeiten, die Idee von Rollen nachzuvollziehen, werden sich aber köstlich amüsieren, wenn sie *Gesichter schneiden* sollen.

Ausschließ-Übungen

helfen Kindern, ihre Gefühle zu untersuchen, wenn sie ausgeschlossen werden oder ein anderes Kind aus ihrer Gruppe ausschließen. Dies ist für Kinder ein sehr sensibles Thema und sollte daher in einer unterstützenden Atmosphäre geschehen. Eine Möglichkeit, sich dem Thema zu nähern, besteht darin, ein Rollenspiel zu machen, in dem ein Kind ausgeschlossen wird, um anschließend darüber zu reden, wie sich die beobachtenden und die rollenspielenden Kinder gefühlt haben. Die folgenden Übungen bieten eine andere Form der Herangehensweise.

Das Kauderwelsch-Spiel – Verbal ausschließen

hilft Kindern, darüber nachzudenken, wie sie andere Kinder ausschließen und zu erkennen, daß andere Kinder auch Angst vor dem Ausgeschlossenwerden haben. Lassen Sie ein Kind vor der Klasse Kauderwelsch oder irgendeinen Blödsinn reden oder unverständliche Geräusche machen. Dann wendet sich jedes Kind einem Partner oder einer Partnerin zu, um sich im Kauderwelsch zu üben. Danach lassen Sie Dreier-Gruppen bilden und bitten Sie die Kinder, miteinander zu *kauderwelschen*. Zwei Kinder sollen entscheiden, das dritte Kind auszuschließen, es in eine andere Gruppe zu schicken, so daß nur noch diese beiden miteinander reden. Wiederholen Sie dies zweimal, damit jedes Kind einmal die Gelegenheit hat, ausgeschlossen zu sein. Anschließend diskutieren Sie mit der gesamten Klasse, wie sie sich dabei gefühlt haben, auszuschließen und ausgeschlossen zu werden.

Machen Sie die Übung recht zügig, damit die Kinder nur für einen kurzen Moment ausgeschlossen sind. Gelegentlich kann es Kinder sehr verunsichern, wenn sie ausgeschlossen werden, aber in der Regel verstehen sie, daß es sich nur um eine Übung handelt, um das Thema zu untersuchen. Geben Sie den Kindern, die sich schlecht fühlen, genügend Aufmerksamkeit und Unterstützung.

Mauern bauen und körperlich ausschließen

ist auch ein Spiel, das Kindern hilft zu ergründen, wie sie sich fühlen, wenn sie ausgeschlossen sind oder andere ausschließen. Die Kinder stehen in einem engen Kreis zusammen und legen sich die Arme um die Schultern. Ein Kind befindet sich außerhalb und versucht in den Kreis zu gelangen. Sobald das Kind im Kreis ist, geht ein anderes raus und versucht wieder hineinzukommen. Geben Sie so vielen Kindern wie möglich die Gelegenheit zu versuchen, wieder in den Kreis zu kommen. Gelingt es einem Kind nicht, sollte es nicht länger als 1-2 Minuten ausgeschlossen sein. anschließend diskutieren Sie die verschiedenen Arten, wie die Kinder versucht haben, in den Kreis zu kommen und wie sie sich bei der Übung gefühlt haben.

Wie ist's gelaufen

Ideen für die Auswertung

16

Auswertung heißt, daß bei einer Aktivität eine Zeit für Rückmeldungen (Feedback) reserviert wird. Das kann während einer Aktivität, an ihrem Ende oder auch mehrmals geschehen. Auswertungen zeigen Kindern, daß die Spiele und Übungen für sie bestimmt sind und ihr Kommentar geschätzt wird. Machen Sie regelmäßig Auswertungen und lassen Sie die Ergebnisse in Ihre weiteren Planungen einfließen. Auswertungen fördern das Selbstbewußtsein und den Gruppenzusammenhalt und helfen Kindern und Lehrerinnnen, aus den gemachten Erfahrungen zu lernen.

Daumen hoch, Hand rauf, Daumen runter

ist eine schnelle und spannende Form, eine Reihe von Aktivitäten auszuwerten. Es zeigt, ob den Kinder ein Spiel oder eine Übung Spaß gemacht hat oder nicht, nicht wie oder warum. Nennen Sie einzeln die verschiedenen Aktivitäten, die Sie mit der Klasse durchgeführt haben. Wenn die Übung den Kindern gefallen hat, halten sie ihren Daumen hoch, wenn sie einigermaßen ok war, strecken sie ihre Hand vor und wenn sie ihnen gar nicht gefallen hat, zeigen sie mit dem Daumen nach unten. Manche Kinder werden am Anfang aus Spaß ihren Daumen einfach hoch oder runter zeigen, aber mit der Zeit werden sie erkennen, daß das eine gute Möglichkeit ist auszudrücken, was ihnen Spaß macht und was nicht. Wenn ein Spiel eindeutig abgelehnt wird, sollten Sie nachfragen, warum es ihnen nicht gefallen hat.

Das Einzelinterview

ist eine tiefergehende Auswertung als die vorherige. Befragen Sie die Kinder einzeln, ohne Beisein der anderen und stellen Sie ihnen konkrete Fragen bezüglich der durchgeführten Aktivitäten. Zu Beginn des Schuljahres können diese Interviews eine wertvolle Hilfe für die weitere Jahresplanung sein. Sie können die Interviews mit einem Kassettenrekorder aufnehmen; Kinder haben in der Regel Spaß daran, weil sie sich dabei ernstgenommen fühlen und weil es ihnen Spaß macht, mit dem Rekorder zu arbeiten.

Verbale Auswertungen

geben Ihnen nach jeder Aktivität eine sofortige Rückmeldung und sind besonders wertvoll, weil sie schnell in neue und verbesserte Aktivitäten „übersetzbar" sind. Sie können z.B. fragen: „Was hat Euch an der heutigen Stunde am besten gefallen? Was sollte geändert werden? Was hat Euch nicht gefallen? Nennt eine Sache, die Ihr in Zukunft verwirklicht sehen wollt." Direkte Fragen helfen Ihnen am besten bei Ihrer nächsten Planung.

Ein Auswertungsbogen — Beispiel auf Seite 123 —

gibt Aufschluß darüber, was Kinder am meisten und am wenigsten mögen. Schreiben Sie in eine Rubrik alle Aktivitäten, die Sie an diesem Tag mit den Kindern unternommen haben. Rechts davon machen Sie drei weitere Rubriken, eine mit einem lachenden Gesicht, um Zustimmung auszudrücken, eine mit einem neutralen Gesicht, um Indifferenz auszudrücken und eine mit einem miesepetrigen Gesicht, um Mißfallen auszudrücken. Sie können auch noch einige Fragen hinzufügen: „Was hat Dir am besten gefallen? Was möchtest Du gerne verändert sehen? Was möchtest Du auf keinen Fall noch einmal machen?" Die Kinder können auch einen Stern neben die Aktivität malen, die ihnen am besten gefallen hat. Lassen Sie die Kinder die Auswertungsbogen ausfüllen, nachdem sie eine Reihe von Spielen und Übungen gemacht haben. Weitere Informationen zu Auswertungen finden Sie in den Kapiteln drei und vier.

Übungen und Spiele
Wie haben sie Dir gefallen?

Was wir gemacht haben: (Diese Felder füllen Sie vorher aus.)	😊	😐	☹️
Interviews			
Maschinen bauen			
Knoten-Spiel			
Gegenstände pantomimisch darstellen			
Brrromm und Quiiietsch			
Austausch in Kleingruppen			
Elefant oder Palme			

Was hat Dir am besten gefallen?

17

Nicht nur für den Schullalltag !

Ausweitung unserer Fähigkeiten, um größeren Anforderungen gerecht zu werden

Obwohl wir überwiegend mit Grundschulkindern und deren Eltern gearbeitet haben, wurden auch viele workshops mit jüngeren und älteren Kindern, Familiengruppen und Gruppen unterschiedlicher Alterszusammensetzung durchgeführt. Hinzu kam der Kontakt zu Leuten, die unsere Ideen bei ihrer Arbeit mit anderen Gruppen benutzt haben. Wir hoffen, daß diese Beispiele Sie zum Nachdenken darüber anregen werden, wie Sie diese Aktivitäten in Ihrer Gruppe anwenden können.

Jüngere Kinder

Benutzen Sie für jüngere Kindere (Vorschule und Kindergarten) die kürzeren und zu mehr Aktivität auffordernden Spiele, da sie die Aufmerksamkeit der Kinder stärker fesseln. Junge Kinder lieben besonders Spiele und Lieder, bei denen es um viel Rhythmus und Wiederholung von Ritualen geht. Verwenden Sie Puppen, um die scheuen Kinder zum Sprechen zu bringen. Für sie ist das Puppenspiel ein einfacheres Werkzeug bei Konfliktlösungen als Rollenspiele oder Sketche. Aktivitäten, bei denen Symbole oder Analysen benutzt werden, sind eher schwierig für sie, während Spiele zur Förderung des Selbstwertgefühles und der Zusammenarbeit im allgemeinen recht erfolgreich sind. Einige besondere Übungen, mit denen sich gut arbeiten läßt, sind *Menschlicher Winkelmesser, Hermann-Hermine, Brrromm und Quiietsch, Pantomime mit Gegenständen, Berühre Blau!, Maschinenbauen, Gemeinsames Musizieren, Gewitterregen* und die meisten der Aufwärm- und Auflockerungsübungen (die wir bei jüngeren Kindern „Copycat-Spiele" nennen).

Viele der anderen Übungen können für jüngere Kinder angepaßt werden. So können z.B. Kinder, die noch nicht in der Lage sind, selbst Sketche zu entwickeln, statt dessen (als Variation zum *Überraschungstüten-*

Theater, s.S. 58) einen Gegenstand aus einem Hut nehmen und damit wie in einer Pantomime irgendetwas darstellen.

Gymnasial-Schülerinnen und -Schüler

Viele der Übungen und Techniken wurden ursprünglich bei der Arbeit mit Gymnasialschülern und Erwachsenen angewendet, ehe sie für Grundschulkinder umgewandelt wurden. Einige bedürfen lediglich einer einfachen Veränderung der Inhalte und schon sind sie passend für andere Altersgruppen. Fragen Sie z.B. beim *Frage- und Antwort-Spiel* (s.S. 36) nicht nach einem Lieblingsnachtisch oder -essen, sondern nach einer bevorzugten Sportart oder einer besonders beliebten Beschäftigung am Sonntagmorgen.

Lehrerinnen und Lehrer an Gymnasien oder Schulen mit ähnlicher Altersstruktur, die an einer Integration dieser Ideen in den Schulplan interessiert sind, werden viele Übungen auf ihre Bedürnisse umstellen können. Ebenso kann die Übung *Ich wünsch mir eine Lösung für ...* (s.S. 107) für Problemlösungen auch genutzt werden, um ein historisches Ereignis zu analysieren. Und die *Persönliche Sammelmappe* kann zu einem kreativen Aufsatzprojekt werden, bei dem positive Erfahrungen und Beziehungen betont werden. Im Biologieunterricht können Sie die Schüler ein gemeinsam entwickeltes Klassifikationssystem für Wirbeltiere erstellen lassen. Lehrer in Gymnasien können auch die Techniken zur Lösung von Konflikten und Problemen, wie Rollenspiele und Sketche, dazu benutzen, mit einem aktuellen Konflikt umzugehen oder um historische Konflikte besser zu verstehen. Das Spiel *Elefant oder Palme* kann umgewandelt werden in die Konstruktion geometrischer Figuren.

Seelisch gestörte Kinder

Obwohl wir selbst nur wenig direkte Erfahrungen auf diesem Gebiet haben, erfuhren wir doch vom Erfolg, den andere bei seelisch gestörten Kindern mit den Ideen aus dem *Konzept für Kreativen Umgang der Kinder mit Konflikten* hatten. Im folgenden Brief beschreibt Emily Whiteside ihre Erfahrungen mit diesem Buch, die sie als Supervisorin im klinischen Bereich des Developmental Evaluation Center in Wilmington,

Nordkarolina, 1975 machte:

„Ich hatte in einer wie in einer Grundschule arrangierten Sonder-
schulklasse in Wilmington durch die Benutzung dieses Handbuches
ein wunderbar aufregendes Jahr. Ich arbeitete mit neun geistig zu-
rückgebliebenen Kindern im Alter zwischen sieben und zehn Jahren.
Eines der deutlichsten Probleme waren die mangelhaften Fähigkeiten im Sozialverhalten der Kinder, so daß die Lehrerin und ich uns
darauf konzentrierten, positive Beziehungen unter den Kindern zu
entwickeln. Die Kinder suchten sich die Namen von tollen Freunden
für ihre besondere Gruppe aus, und wir kamen im Laufe von 5 Monaten einmal wöchentlich für eine Sitzung von jeweils 45 Minuten zusammen.

Es wurden Programme zum Selbstlernen angeboten, in denen die
Bedeutung von Freundschaft untersucht wurde. Dies brachte eine Zu-
nahme des Selbstvertrauens mit sich. Es wurde beobachtet, daß die
Identität der Kinder dadurch, daß sie von anderen als „Zurückgeblie-
bene" identifiziert wurden, bereits in diesem frühen Alter beeinträch-
tigt worden war. Der Rahmen, in dem diese Gruppen stattfanden, be-
trachtete das „Selbst" in einem „neuen Licht" und ermöglichte den
Kindern eine Entfaltung ihrer Selbstwahrnehmung als wertvolle Indi-
viduen.

Mit viel Kreativität wurde das Lernen so kanalisiert, daß es für die
Kinder einer Forschungsreise in die Phantasie einer Gefühlswelt
gleichkam; benutzt wurden dafür Puppen, Märchen und Rollenspiele
von Alltagssituationen. Dies schien der ideale Weg für Kinder mit
unterentwickelten intellektuellen Fähigkeiten zu sein, sich selbst etwas beizubringen. Im „Freundlichen Klassenzimmer" gab es ausgezeichnete Vorschläge und Hilfen, um den Kindern bei der Arbeit an
Konfliktlösungen zu helfen. Am häufigsten wurde die Technik des
Rollenspiels verwendet. Das gab den Kindern die Möglichkeit, über
ihre Gefühle zu diskutieren und Verhaltensmuster zu beobachten,
während sie lernten, zwischen passendem und unpassendem Verhalten zu unterscheiden.

Da die Arbeit mit Kindern ein höchst sensibler Prozeß von organi-
scher Natur ist, muß Zeit vergehen, ehe die Früchte reifen. Die Lehrerin und ich betrachteten unsere Aufgabe als eine Art Saat, die sich
für diese Kinder als die richtige Nahrung herausstellen könnte für

das Erblühen ihres Selbstbewußtseins, das mit der Wertschätzung durch andere zunehmend größere Ausdrucksfähigkeit finden würde. In den Erfahrungen eines Kindes hat bereits eine Art Morgendämmerung vor der Ernte begonnen. Die Lehrerin beobachtete vor einigen Wochen anläßlich eines Schulbesuches bei einem Kind, das in eine neue Schule ging, ganz bedeutende Fortschritte. Dieses unter Depressionen leidende Kind war zuvor wegen seines aggressiven Verhaltens für zwei Wochen von der Schule ausgeschlossen worden. Jetzt, wurde berichtet, kann dieser Junge mit anderen kooperieren, hat eine positive Haltung zur Schule, kommt im Lernen gut voran und, das wichtigste von allem, ist mit sich selbst glücklich und zufrieden. So kann man sehen, daß eine geduldige und liebevolle Einstellung anderer gegenüber einem Kind eine ansteckende Qualität besitzt, die wächst und wächst."

Workshops für Lehrerinnen und Lehrer

Ausbildende können für die Entwicklung von workshops für Lehrerinnen und Lehrer eines der folgenden Ziele wählen:

* Austausch von Ideen über neue Techniken.
* Wege finden, um neue Techniken in das tägliche Leben der Klasse zu integrieren.
* Entwicklung einer Unterstützungsgruppe für Lehrerinnen, um zusammenzuarbeiten und Probleme auf kreative Weise zu lösen.

Jede Gruppe von Lehrerinnen und Lehrern unterscheidet sich von der nächsten. Einige wollen vielleicht gern Hilfe durch Moderation von außen. Andere entscheiden sich für jemanden aus der Gruppe. Unsere Erfahrung zeigt, daß es verschiedene Elemente sind, die zu einem erfolgreichen workshop beitragen:

* Setzen Sie die Verwaltung von dem Projekt in Kenntnis. Bitten Sie die Verwaltung um Unterstützung für das Projekt und, falls möglich, um Freistellung der Lehrerinnen, so daß sie Gelegenheit haben, sich zu treffen.

* Suchen Sie Mitglieder für diese Gruppe, die das wirkliche Verlangen haben, aktiv mitzumachen und nicht solche, die nur teilnehmen, weil andere das von ihnen erwarten oder sie sich unter Druck fühlen.
* Sorgen Sie dafür, daß der Schwerpunkt von Beginn an eindeutig ist. Einige Lehrerinnen wollen vielleicht an Problemlösungen für aktuelle Situationen in ihrer Klasse arbeiten. Andere mögen es vorziehen, verschiedenes zu lernen, um es dann in der Klasse auszuprobieren. Wieder andere wollen evtl. einfach nur einen Austausch von Ideen.
* Begünstigen Sie eine gesunde Gruppendynamik, so daß gute Gefühle untereinander bestehen. Ermutigen Sie ein gleichberechtigtes Miteinanderteilen von Gefühlen und Ideen, gegenseitige Unterstützung, Offenheit und Bereitschaft zur Bearbeitung von Konflikten.
* Achten Sie darauf, daß der Prozeß des workshops selbst wichtiger ist als das Ergebnis. Diskutieren Sie jede Aktivität, nachdem sie abgeschlossen ist und passen Sie sie der jeweiligen Situation an.
* Schaffen Sie eine offene Atmosphäre, die zu kreativem Denken und neuen Ideen ermutigt. Ein gutes Beispiel für solche Möglichkeiten ist *Die Welt der Phantasie* (s.S. 53).

Eine der Gruppen, die das Konzept *workshops für Lehrerinnen und Lehrer* anwandte, ist das Park Slope Tageszentrum, von dem aus Kinder zwischen drei und zwölf Jahren in fünfzig verschiedenen Heimen versorgt werden. Sie erläuterten:

„Anfänglich beschäftigte sich die Gruppe mit Übungen, die Vertrauen und Bestätigung entwickelten. Langsam, aber wahrnehmbar, entwickelte sich Kommunikation untereinander, und es verbreitete sich ein Gefühl von Kooperation in der Gruppe. Das Konzept, das hinter der Vorstellung von Konfliktlösung steht, wurde durch die Lösung aktueller Mißverständnisse präsentiert. Den einzelnen Beteiligten wurde die Möglichkeit gegeben, Gefühle und unsinnige Ideen (unsinnige Ideen, die den Schlüssel zum Öffnen tieferer Gefühle beinhalteten) auszuagieren. Die Mitarbeiterinnen und Mitarbeiter benutzten die Ideen, die sie bei den Kindern anwenden wollten, vorher bei sich selbst und sahen so, daß diese Methoden auch bei Erwachsenen effektiv zur Minderung von Spannungen und Konflikten beitrugen. Die sorgfältige Anleitung des Trainers Lenny Burger brachte ein wachsendes Verständnis der Angestellten mit sich und führte zu zu-

128

nehmender Harmonie, wenn nicht gar zu Frieden.

Auch außerhalb der Gruppe, sowohl im Tageszentrum selbst wie in Pflegefamilien, in denen für die Kinder gesorgt wurde, kamen die in der Gruppe erlernten und praktizierten Übungen und Techniken in besonderen Fällen zur Anwendung."

Eine der interessantesten Workshopserien für Lehrerinnen und Lehrer moderierten wir in der Abteilung für Grundschulausbildung am City College of New York. Besonders innovativ in diesen Kursen war die Verbindung unserer partizipatorischen Herangehensweise mit Piagets Beobachtung über die moralische Entwicklung der Kinder.

Diejenigen, die dieses Buch benutzen und insbesondere jene, die an workshops für Lehrerinnen und Lehrer interessiert sind, möchten wir auf den Bericht über diesen Kurs im Anhang hinweisen.

18 Projekt „Alternativen zur Gewalt"

Workshops für Gefängnisse[1] und Nachbarschaftsgruppen

Die Anfänge von PAG in den USA

Das in diesem Buch beschriebene *Konzept für Kreativen Umgang der Kinder mit Konflikten* (KUK-Konzept) wurde 1972 von der US-amerikanischen Religiösen Gesellschaft der Freunde, in Deutschland als Quäker bekannt, entwickelt, die u.a. an einem Projekt über Nachbarschaftskonflikte arbeiteten.

Es war Lawrence Apsey, Gründer dieses Quäker-Projektes (Quaker Project on Community Conflict), der drei Jahre später in Green Haven, einem Hochsicherheitsgefängnis im Staate New York, mit dem Projekt *Alternativen zur Gewalt* (PAG) begann. Auslöser war die Bitte einer Gruppe von Gefängnisinsassen an die Quäker, sie bei dem Versuch zu unterstützen, gewaltbereiten jungen Leuten zu helfen, weitere Schwierigkeiten zu vermeiden. Seit diesem Zeitpunkt wurden hunderte von Kursen in und außerhalb von Gefängnissen abgehalten, sowohl in den USA als auch in anderen Ländern. – Das KUK-Konzept und PAG werden als Schwesterprogramme gesehen.

Obwohl sich PAG in den USA hauptsächlich auf Gefängnisworkshops konzentrierte, erhielt man dort zunehmend Nachfragen nach einem solchen Service sowohl aus Nachbarschaftsgruppen wie z.B. Häusern für geschlagene Frauen, Häusern für Wohnungslose, von Bewährungshelfern, Kirchengruppen, Gruppen, die sich um gewaltgefährdete Jugendliche kümmern als auch aus anderen Organisationen im Bereich Sozialer Dienste.

---

1 Die in „The Friendly Classroom for a small Planet" enthaltenen Vorschläge für Workshops in Gefängnissen wurden nicht in „Das freundliche Klassenzimmer" aufgenommen, weil seit 1994 auch in Deutschland solche workshops angeboten werden. – Kontakt zum Freundeskreis PAG in Deutschland siehe Adressenteil. (Anm. des Verlages)

Gleiche Grundlagen in Deutschland

Diese stellt der in Deutschland mit diesem Konzept arbeitende Freundeskreis PAG wie folgt vor:

„Grundlage für das Projekt *Alternativen zur Gewalt* ist der Glaube daran, daß es eine Kraft des Guten und des Friedens in jedem Menschen gibt, und daß die für Gewalt eingesetzte Energie umgelenkt und verwandelt werden kann.

PAG-Kurse fußen auf alltäglichen Erfahrungen. In ihnen wird versucht, den Menschen zu helfen, von gewaltsamen Verhaltensformen wegzukommen, indem sie Fähigkeiten zur Konfliktlösung erwerben.

Der Umgang mit Konflikten soll nicht verlorene Energie sein, sondern soll positive Kräfte und Bewegungen freisetzen.

PAG-Kurse begleiten eine Gruppe von Menschen durch ernste und heitere Übungen und Diskussionen, die dazu angetan sind, Selbstvertrauen aufzubauen und eine Atmosphäre von Sicherheit und Vertrauen in der Gruppe zu schaffen. Auf dieser Basis ergeben sich Gelegenheiten, lebensnahe Konflikte zu untersuchen. Die Teilnehmenden werden ermutigt, in sich selbst und aus ihren eigenen Erfahrungen heraus nach Lösungen von Konflikten zu suchen.

Was ist PAG noch?

* Es ist ein *Erfahrungsprogramm*, das Menschen hilft, ihr Leben neu zu betrachten und zu verändern.
* Es ist ein *gemeinschaftsbildendes Programm*, das Jugendorganisationen, Schulen, Sozialdiensten, kurz: allen Gruppen und Einzelnen, die daran teilnehmen möchten, einen neuen Ansatz bietet.
* Es ist ein *Gefängnisprogramm*, das Häftlingen hilft, neue Fähigkeiten und Einstellungen zu erwerben, die zu ausgefüllten und unkriminellen Lebensweisen führen.
* Es ist ein *Programm für alle,* da eine Kraft zum Frieden jedem Menschen innewohnt.
* Es ist eine *intensive Lernerfahrung.*"

Bei der Arbeit mit *Alternativen zur Gewalt* stehen sowohl in den USA wie in Deutschland die gleichen vier Bereiche im Mittelpunkt wie beim KUK-Konzept:

* Kooperation,
* gegenseitige Bestätigung zur Förderung des Selbstwertgefühls,
* Kommunikation und
* Konfliktlösung.

Der Erfolg zeigt, in welch hohem Maße diese Konzepte für alle Altersgruppen und sozialen Gruppierungen anwendbar sind.

Um einen Eindruck vom Erfolg der PAG-Herangehensweise zu vermitteln, finden Sie hier einen Artikel aus der Zeitung *Staten Island Advance* vom 25. November 1986 über die Arbeit mit dem PAG-Programm im Arthur-Kill-Gefängnis auf Staten Island.

Gefangene lernen, daß es Alternativen zu gewalttätigem Verhalten gibt

von *Beth Jackendoff*

Acht Männer sitzen im Kreis – unter ihnen Brandstifter, bewaffnete Räuber und Mörder. Einer steht in der Mitte und sagt nach einem Moment des Nachdenkens: „Ein großer Sturm erfaßt – *alle, die grün tragen.*"

Das Zimmer explodiert mit Gelächter. Alle tragen das eintönige Grün der Gefängnishosen, denn alle sind Insassen der Arthur Kill Vollzugsanstalt. Sekundenschnell sind alle aufgesprungen und haben sich einen anderen Platz gesucht, so daß ein anderer Mann in der Mitte stehen bleibt.

Nein, das ist nicht die „Reise nach Jerusalem" für Gefangene. Diese Übung ist – so fröhlich es auch scheinen mag – Teil des Projektes *Alternativen zur Gewalt,* ein Versuch, der das Leben von 6.000 Insassen im Staat New York verändert hat.

PAG wurde 1975 in Green Haven, einem Hochsicherheits-Gefängnis in der Nähe von Poughkeepsie im Staate New York begonnen. Eine Gruppe von Insassen – fast jeder wegen Mord zu „lebenslänglich" verurteilt – baten darum, in Konfliktlösung und anderen Techniken der Gewaltlosigkeit unterrichtet zu werden, wie dies von der Religiösen Gesellschaft der Freunde, gemeinhin als Quäker bekannt, praktiziert wird.

„Es war solch ein erfolgreiches Programm, daß die Insassen bei Verlegung in andere Institutionen hofften, daß dort auch mit dem Projekt *Alternativen zur Gewalt* gearbeitet würde", erläuterte Lee Stern, einer der langjährigen PAG-Koordinatoren und -Mitbegründer.

Mittlerweile gibt es in allen Gefängnissen im ganzen Bundesstaat lange Wartelisten für die PAG-workshops. Im Arthur-Kill müssen die Gefangenen 6 Monate warten, ehe sie teilnehmen können, weil es nicht genügend Freiwillige von Außen gibt, die das Programm *Alternativen zur Gewalt* durchführen. Ein Diskus-

132

sionshelfer von Außen organisiert die Programme mit Unterstützung einiger Insassen, die schon einige Jahre dabei mitarbeiten.

Die workshops *Alternativen zur Gewalt* bestehen aus 9 Sitzungen über 3 volle Tage und Abende. Viele der Übungen lehren die Gefangenen, wie sie mit frustrierenden Alltagssituationen fertigwerden können. In einem Rollenspiel versucht ein Ex-Häftling, einen Arbeitgeber davon zu überzeugen, ihn anzustellen. In einem anderen versucht ein gerade Entlassener, mit seiner Frau zurechtzukommen, die sich daran gewöhnt hat, ohne ihn zu leben.

Ein anderes Szenario beschäftigt sich damit, den „Knasties" draußen aus dem Wege zu gehen. d.h. den Kohorten von früheren Insassen, die nur darauf warten mögen, ihn in die Gang der Nichtsnutze zurückzubringen.

„Falls Du Dich mit den Burschen abgibst, landest Du wieder hier, entweder als Krüppel oder für den Rest Deines Lebens", sagt Michael, ein Häftling, der bei fast 50 PAG-workshops geholfen hat, seit er erstmals 1980 davon hörte. „Es ist nur eine Frage der Zeit – die Polzei kennt Deine Vergangenheit. Mit PAG suchst Du aber nach Alternativen zu all dem. Du kannst sagen, hey, es gibt noch mehr im Leben."

In einer anderen PAG-Übung zur Förderung der Kooperationsfähigkeit berät eine kleine Gruppe 5 Minuten darüber, was sie mit einem Satz von Bauklötzen bauen wollen. Danach haben sie in absoluter Stille ihre Strukturen zu erschaffen. Dabei gibt es auch leichtherzige Spannungsbrecher, wie z.B. *Ein großer Sturm erfaßt so-und-so,* wie weiter oben beschrieben.

Aber der grundlegendste Aspekt des Programmes ist die Betonung von Selbstvertrauen und zu lernen, anderen zu vertrauen. Michael begann einen workshop mit den Worten: „Wir werden in den nächsten 3 Tagen etwas entwickeln, was Ihr selten in einer Gefängnissituation erleben werdet: eine Familie. Eine Menge Barrieren werden dabei verschwinden. Vom ersten Tag an haben wir gelernt, andere runterzumachen, aber hier wollen wir das Gute in jedem finden und dafür sorgen, daß das Gute auch seine Bestätigung bekommt."

Einer der Teilnehmer greift das Thema auf: „Wir alle kommen hierher, nervös, angespannt und fragen uns, wieso andere einen so angucken. Aber hier suchen wir nach einem positiven Weg. Du findest raus, was in dem anderen vorgeht, statt Dich auf einen Kampf einzulassen und ihm eins überzuhauen. Das wesentliche Ziel ist, wie eine Familie zu werden, Anteil zu nehmen, statt sich in die eigene Ecke zu verkriechen."

Die Gefangenen sagen, daß die Freunde, die sie durch das PAG-Programm fanden, ihnen helfen, an sich selbst zu glauben. Mac, Insasse und PAG-Trainer erzählt: „Ich brauchte eine Veränderung in meinem Leben. Ich war sehr gewalttätig, aber die Leute hier und die Unterstützung, die ich kriegte, haben mir bei der Veränderung geholfen. Sie haben mir Liebe gezeigt, waren für mich da. Das hat mich einfach umgedreht. Das ist jetzt die richtige Richtung für mich."

Obwohl Mac bald auf Bewährung rauskommt, gibt es durch die PAG-Erfahrungen keinen Freifahrtschein für eine frühere Entlassung. In der Tat sind einigen die entsprechenden Anträge abgelehnt worden, obwohl sie sehr aktiv am PAG-Programm teilnahmen.

„Drei von uns hier – alles Trainer – sind der lebende Beweis, daß sich das

Amt davon nicht beeinflussen läßt", sagt der Häftling und PAG-Trainer Hank Heinsohn. „Aber keiner von uns ist deshalb aus dem Programm ausgestiegen. Bist Du erstmal über den Punkt weg, es wegen der möglichen früheren Entlassung zu machen, hast Du viel mehr davon, an dem Programm teilzunehmen."

Die Trainer erkennen auch, daß nicht jeder Gefangene, der sich für das Programm einträgt, in der Lage ist, sein Verhalten zu ändern. „Aber die Bedeutung des Programms liegt darin, die Saat auszulegen und den Leuten beizubringen, überhaupt erstmal zu lernen, darüber nachzudenken, das zu praktizieren", sagt Rich, ein weiterer PAG-Trainer und Inhaftierter im Arthur-Kill-Gefängnis.

Michael stimmt zu: „Das Projekt *Alternativen zur Gewalt* ermöglicht es mir, zu sagen, ich wurde von meinen Emotionen dirigiert. Vielleicht kann ich sie nicht alle kontrollieren. Aber was sind denn meine Alternativen und wie finde ich sie? Es fängt alles innen an."

Bei den meisten PAG-Techniken zur Vermeidung von Konfrontationen geht es einfach darum, den Kopf über das Machtbedürfnis zu stellen. „Hast Du einen Konflikt mit jemandem", meint Rich, „sag ihm einfach was Nettes, statt die Argumente immer weiter zu treiben. Sieh den anderen Burschen einfach als menschliches Wesen. Und Du machst es nicht aus Schwäche, sondern aus innerer Stärke und Überzeugung."

Und Michael fährt fort: „Manchmal heißt das auch, daß Du einfach weggehen mußt aus einer Situation. Manchmal mußt Du Dir auch 'ne Menge Dreck anhören. Aber wenn es bedeutet, daß es mein Leben verändert, wenn ich mir ein bißchen Dreck anhöre, dann ist das o.k. Ich hab mich genügend unter Kontrolle, daß ich nicht in eine Situation gerate, in der einer von uns beiden ermordet werden könnte."

Hank sieht es so: „Eine Menge Leute hier leiden unter dem James Cagney oder dem John Wayne Syndrom. Sie denken, das Image des Schweren Jungen müsse aufrecht erhalten werden. Es sind die kleinen Verderbtheiten, die sie in Schwierigkeiten bringen. Und eine Menge Gewalt wird über Fernsehprogramme und Werbung, und sei sie nur über Waschmaschinen, verbreitet. Das Wesentliche, das wir erreichen wollen, ist eine gewaltlose Lösung für den Konflikt finden. Wenn Du die anderen Deine Gefühle nicht wissen läßt, dann fängst Du an, Deinen Groll immer mehr aufzubauen und größer werden zu lassen. Paß auf, daß Du nicht in eine solche Falle gerätst. Rede stattdessen mit den anderen."

Unter den Teilnehmern des PAG-Programmes gibt es sowohl kleine Schwindler wie verurteilte Mörder. Interessanterweise sind die meisten der Trainer – die sich am intensivsten mit dem PAG-Programm beschäftigen – wegen Verbrechen mit Gewaltanwendung im Gefängnis, oft wegen Totschlags. „Vielleicht ist die Mitarbeit beim PAG-Programm", denkt Rich, " eine Art Wiedergutmachung, ein Versuch, der Gesellschaft etwas zurückzugeben." Vielleicht ist es auch eine Frage von Einsicht. „Wenn Du wegen gewalttätiger Verbrechen eingebuchtet bist, weißt Du, was passiert ist und warum es passiert ist", sagt Michael.

Aber, welches Verbrechen sie auch begangen haben, der tiefe Sinn des Programmes *Alternativen zur Gewalt* ist der gleiche für alle Teilnehmer. Einer von ihnen drückt es so aus: „Ein Mann, der physische Gewalt anwendet, ist ein Mann, dem nichts mehr einfällt."

Anhang

Kaleidoskop

Nachdem wir mit dem *Konzept für Kreativen Umgang der Kinder mit Konflikten* begonnen hatten, verbrachten wir viel Zeit in Schulen, um workshops für Kinder und ihre Lehrerinnen und Lehrer abzuhalten. Oft waren wir ein Team von drei, vier oder selbst fünf Diskussionshelfern und -helferinnen. Und regelmäßig hatten wir Freiwillige und Studenten, die mit uns arbeiteten. Eine von ihnen, Marge Rice, hat ihre Gefühle über die Erfahrungen mit dem KUK-Konzept im nachfolgenden Gedicht zum Ausdruck gebracht. Es fängt nicht nur unsere innere Haltung bezüglich der frühen Arbeit mit Kindern ein, sondern reflektiert auch, was wir in jenen Pilotjahren konkret taten.

Die auf den folgenden Seiten wiedergegebenen Überblicke über die verschiedenen Klassen und die Berichte über die Kurse, die wir im City College abhielten, vermitteln einen Eindruck unserer späteren Entwicklung.

Kaleidoskop

Die nie endende Vielfalt
kreativer Lösungen durch die
KINDER . . . durch
DIESE KREATIVEN KINDER.

Wir entsteigen der U-Bahn:
New York City !
Gemeinsames Frühstück in Schorschs
       Restaurant;
dann
das rauchgefüllte Lehrerzimmer,
Priscilla's Gitarre,
Margie's Kamera.

Warten auf dem Flur vorm Klassenzim-
         mer:
„Sind sie schon fertig für uns?"
Und als wir eintreten ...
Diese freudig
applaudierende Runde,
die jedesmal
Lenny, Gretchen und Pris begrüßt ...
Die Jungen:
„Lenny, setz Dich neben mich!"

„Sitz hier, sitz hier!"
Pris: „Sollen wir mit einem Lied anfan-
         gen"
Was sie am meisten lieben, ist:
„One bottle of pop, two bottles of pop ..."

Gretchen: „Hat irgendjemand
einen Konfliktvorschlag
für unser heutiges Rollenspiel?"
„Ja, ich hab einen:
Meine kleine Schwester
geht immer an meine Sachen ..."

„Ich hab auch einen:
Im Urlaub
ging ich in einen Andenkenladen
und der Mann
wollte mich nicht bedienen,
weil ich jüdisch bin ..."

Die nie endende Vielfalt
kreativer Lösungen
von diesen
KINDERN ! ...
DIESE KREATIVEN KINDER !

„Was ist hänseln
Kannst Du Dich erinnern,
als Du mal gehänselt wurdest? ...
Was für ein Gefühl war das ...“

Die nie endende Vielfalt
kreativer Lösungen
DIESER KREATIVEN KINDER !

Zimmer einrichten ...
Maschinen bauen ...
Monsterbasteln ...
Silhouetten ...

Am Ende:
„Sollen wir mit einem Lied schließen ?“
Dann,
ehe wir gehen,
werden alle Tische
an ihren Platz zurückgeräumt.

Wir treffen uns danach
in Gretchens Wohnung ...
„Was war Deine Reaktion
zur Sitzung insgesamt ... ?“
„Wie war die Lehrerin heute
eingebunden ... ?“
„Sollen wir
nächstes Mal Konfliktlösungen
mit Strumpfpuppen versuchen ?“

Mittagszeit
wieder in der Schule:
Auswertung mit der Lehrerin:
„Wie kann ich
die Cliquen auseinanderkriegen
in dieser Klasse ... ?“
Echte Sorge.
Wirkliche Suche.
Offenheit.

Bekanntwerden mit David, dem Referen-
dar,
mit dem Manhattan College,
mit Freiwilligen der Gruppe Friedensstu-
dien ...
Immer weiter werdende Kreise
für Hilfen, neue Ideen
und Unterstützung.

Zufällig mitgehört
am Schluß der Sitzung:
„Junge, Junge, ich war so müde,
als ich heute zur Schule kam,
aber jetzt
fühl ich mich großartig!“
So wird es auch ein Glückstag
für die Trainerinnen.

Klassenrückblicke

Aus workshoperfahrungen und -beobachtungen

Die folgenden Rückblicke auf die Arbeit in verschiedenen Klassen spiegeln den Wachstumsprozeß des *Konzeptes für Kreativen Umgang der Kinder mit Konflikten* (KUK-Konzept) wider. In den ersten Jahren konzentrierten wir uns im wesentlichen auf Konfliktlösungen, wie es aus dem ersten Rückblick hervorgeht. Im zweiten Jahr entwickelten wir Fertigkeiten des Miteinander-Kommunizierens und arbeiteten dabei mit einer Lehrerin, um die Fähigkeiten ihrer Schülerinnen und Schüler beim Zuhören, Sprechen und Beobachten zu verbessern. Der dritte Bericht reflektiert die Arbeit rund um die Entwicklung des Selbstwertgefühls, das weiterhin ein wichtiger Teil des KUK-Konzeptes ist. Damit hatten wir nach drei Jahren die vier Themen Zusammenarbeit, Kommunikation, Selbstbewußtsein und Konfliktlösung bearbeitet und zu einem Programm aufgebaut.

Im vierten Jahr waren wir auf der Suche nach Wegen, unser Programm in Klassen- und Lehrpläne zu integrieren. Unsere Herangehensweise, die bewußte und unbewußte Entwicklung der Kinder gleichzeitig anzugehen, wird im vierten Bericht deutlich. Während wir workshops für Lehrerinnen und Lehrer bereits seit einigen Jahren durchgeführt hatten, wurden sie nun für zwei weitere Jahre zum Schwerpunkt. Der fünfte Rückblick beleuchtet eine Serie von workshops für Lehrer an den Schulen in Montclair, New Jersey. Es gehört weiterhin zu unseren Prioritäten, mindestens an einer Schule direkt mit Kindern zu arbeiten, gleichzeitig sind wir jedoch zunehmend damit beschäftigt, workshops für Lehrerinnen und Lehrer anzubieten.

1. Eine fünfte und sechste Klasse im Stadtteil Upper West Side in New York City

Diese Grundschule liegt in einem früheren Arbeiterbezirk Manhattans, in dem jetzt vorwiegend Menschen mit mittleren Einkommen und unterschiedlicher Herkunft miteinander leben. Die Schüler sind in etwa zu je einem Drittel Schwarze, Lateinamerikaner und Weiße. Die Schule führte bereits in der Hälfte der Klassen das Experiment „Offene Korridore" durch und bot zweisprachige Klassen und andere Programme an, die von außerhalb der Schule organisiert wurden.

Marty Burke unterrichtete ein sehr erfolgreiches „Offenes Klassenzimmer", in dem die Kinder tägliche Sitzungen abhielten. Die (Hälfte der) Sechsklässler war noch aus dem letzten Jahr vertraut mit dem KUK-Konzept, und für den Lehrer war unser Programm eine seiner Prioritäten. Von Beginn an wurden wir von den Kindern akzeptiert, so daß wir zu keiner Zeit große Probleme bezüglich Disziplin oder mangelnder Aufmerksamkeit hatten. Diese Kinder hatten bereits seit einigen Jahren Erfahrungen mit dem Programm „Offener Korridor", was ihnen ermöglichte, über ihre Aktivitäten selbst zu entscheiden und ihre freie Zeit selbst einzuteilen. Der Klassenraum war in eindeutig zugeordnete Bereiche aufgeteilt, die es erlaubten, daß verschiedene Aktivitäten gleichzeitig stattfinden konnten. So konnten unsere Sitzungen in einem Bereich stattfinden, während Kinder, die sich für etwas anderes entschieden, die Freiheit hatten, dies auch zu tun. Diese Struktur vertrug sich gut mit unserer Philosophie der freiwilligen Teilnahme und war ein wesentliches Element unseres Erfolges.

Zu Beginn boten wir eine Vielzahl von Übungen an, da wir das Programm entlang der konkreten Arbeit entwickelten. Zuerst benutzten wir Puppenspiele, um eine spielerische Atmosphäre zu schaffen und den Kindern die Möglichkeit zur Entspannung zu geben. Dann ließen wir einen einfachen Bruder-Schwester-Konflikt spielen und in Kleingruppen darüber diskutieren. Diese Einführung in die Konfliktlösung veranlaßte die Kinder zu der Annahme, daß es uns darum ginge und wir gekommen seien, „etwas über Leute zu lernen".

Als nächstes stellten wir das Konzept von Rollen vor, um zu zeigen, daß Gewalt wesentlicher Bestandteil bestimmter Rollen ist, wie sie Leute spielen. Wir demonstrierten dies mit einem Sketch über jemanden, der im Laufe des Tages mit unterschiedlichen Situationen konfrontiert ist und mit jeder Situation auf die Weise umgeht, daß er jedesmal eine andere Maske trägt. Nach dem Sketch schrieben die Kinder die Masken auf, die sie sich selbst tragen sahen. Anhand der Liste fiel es ihnen leicht, über sich selbst und die Rollen zu sprechen, die sie spielten. Sie entwickelten ihre eigenen Sketche und waren durch die Benutzung ihrer Masken weniger gehemmt, vor der Klasse zu stehen. Die Sketche führten zu Diskussionen über die Art, wie Leute sich schützen und wie die Rollen sich in unterschiedlichen Situationen verändern.

Wir gingen dann über zum Rollenspiel als einer Technik, um Lösungen für Konflikte zu finden. Die Kinder fanden das Rollenspiel in Verbindung mit Sketchen einfacher als Puppenspiele. Als sie die Diskussionshelferinnen beim Rollenspiel sahen, waren sie darauf aus, es auch zu versuchen. Marty praktizierte auch während der ganzen Woche Rollenspiele mit ihnen, was ihnen dabei half, mit diesem Werkzeug schnell umgehen zu können.

Wir entwickelten eine bestimmte Form, die workshops mit einem Sketch zu eröffnen, die Sache zu diskutieren und Lösungen für die vorgestellten Probleme durch das Rollenspiel zu suchen. Zum Jahresende hin hörten wir ganz auf, Sketche zu benutzen und verwandten nur noch Rollenspiele für die von den Kindern vorgeschlagenen Lösungen für Konflikte.

Zu Anfang waren die Diskussionen aufgrund unserer mangelnden Richtungsvorgabe und die Begeisterung der Kinder, Anekdoten zu erzählen, recht allgemein und unkonzentriert. Später wählten wir besondere Ziele für jede Sitzung und begannen, die Diskussionen auf ein oder zwei Punkte zu konzentrieren. Dies erhöhte den Schwung und die Teilnahmeintensität der Kinder. Aufgrund unseres Erfolges mit Großgruppendiskussionen bevorzugten wir diese Form und hörten auf, mit Kleingruppen zu experimentieren.

Wir begannen die Bearbeitung bestimmter Themen mit dem Problem von Raufbolden und Straßengewalt und gingen dann über zu persönlicheren Themen wie Konflikten in der Familie und der Schule. Durch die Frage „Was könntest

Du tun, um die Situation zu verbessern?" ermutigten wir jede Woche erneut die Teilnahme der Kinder. Sie testeten ihre Lösungsvorschläge dann im Rollenspiel. Nach und nach ergaben sich durch unsere Herangehensweise neue Reaktionen, wie: selbst die Initiative ergreifen, um Hilfe bitten, beharrlich sein, Mediatorin werden, gelassen auf den richtigen Moment warten, beruhigend etwas vortragen, handeln, Kompromisse eingehen und Humor einsetzen, um negative Energien zu zerstreuen.

Das Vertrauen der Kinder wuchs, als sie anfingen, über ihre Gefühle zu sprechen und als sie entdeckten, daß es anderen in der Klasse ganz ähnlich erging. In persönlichen Interviews berichteten sie, daß die Sitzungen mit uns für sie wichtig seien, weil „sie uns helfen, zu lernen, unsere Probleme selbst zu lösen". Sie fingen an, Konflikte, die sie sahen, zur Kenntnis zu nehmen und legten eine Liste davon in der Klasse an. Jede Woche benutzten wir diese Liste bei der Planung der nächsten Sitzung, was ihnen half, selbständiger zu werden.

Die Kinder legten uns Probleme zum Bearbeiten vor. Einmal organisierten wir eine ganze Sitzung rund um einen Konflikt, der schon lief, als wir gerade die Klasse betraten. Wir konzentrierten die Sitzung auf ein Mädchen und dessen Beziehung zu seinen Mitschülerinnen. Eine Übung zur Förderung des Selbstwertgefühls wurde mit viel Erfolg durchgeführt. Aber wir entschieden uns danach, künftige Probleme mehr zu generalisieren, um mehr Kinder teilnehmen zu lassen. Besonders große Freude hatten die Kinder an den Übungen zur Förderung des Selbstwertgefühles und daran, daß Rollenspiele und Diskussionen durch zusätzliche Spiele und Übungen ergänzt wurden.

Verschiedene Eltern kamen zu den Sitzungen und wollten mehr über unser Konzept erfahren. Mit ihrer Hilfe wurden in einer Veranstaltung für Eltern Videofilme über die Arbeit in der Klasse vorgeführt. Die Eltern diskutierten die bei ihren Kindern beobachteten Veränderungen und erwähnten, daß einige Kinder in der Familie Diskussionen mit positiven Ergebnissen initiiert hatten. Ihre Kinder demonstrierten eine neue Bereitschaft, auch die Gesichtspunkte anderer Familienmitglieder zu sehen. Eine Mutter erzählte, daß ihr Sohn einen Plan aller im Haus anfallenden Aufgaben erstellt und so zur Beseitung von Auseinandersetzungen beigetragen hatte. Ganz allgmein hatten die Eltern das Gefühl, daß ihre Kinder lernten, unterschiedlichste Situation mit einem neuen Selbstbewußtsein zu handhaben.

Mit dieser Klasse arbeiteten wir ein ganzes Jahr und hatten insgesamt 30 workshops. Während dieser Zeit sahen wir die Kinder folgende Qualitäten entwickeln:

* Die Kinder zeigten eine beständige Bereitschaft, sich an den workshops zu beteiligen. Wir waren in der Lage, ihre Aufmerksamkeit zu fesseln und zu lenken, mit dem Resultat, daß sie sich öffneten für das Konzept kreativer Antworten auf Konflikte.
* Die Kinder waren aktiv an den workshops beteiligt. Sie reagierten mit Freude und gingen freiwillig auf Übungen und Diskussionen ein. Sie begannen, kreative Lösungen für ihre Konflikte zu suchen und zeigten uns jede Woche durch ihren Dank, daß die Sitzungen für sie befriedigend verliefen.

* Für die Kinder verband sich etwas sehr Wertvolles mit den Sitzungen und sie strebten danach, ihre Fähigkeiten bei Konfliktlösungen zu verbessern. Einige der Werte, die sie sich aneigneten, kamen in ihrem Verhalten in der Klasse zum Ausdruck, aber auch durch die Rückmeldungen, die wir von den Eltern, Lehrerinnen und Lehrern erhielten. Ihre Fähigkeit, bei Problemlösungen als Gruppe zusammenzuarbeiten, war anhaltend und stabil.

2. Eine vierte Klasse in East Harlem, New York City

Diese Schule lag in einer gemischten schwarzen und portorikanischen Nachbarschaft, die eine Reihe gewalttätiger Episoden erlebt hatte. Die Schule selbst hatte jedoch eine warme, freundliche Atmosphäre. Die meisten Klassen wurden auf traditionelle Weise abgehalten, aber es gab zusätzlich einige „Offene Klassenzimmer". Einige Kinder lebten in nahegelegenen Obdachlosenunterkünften, viele brauchten mehr Aufmerksamkeit als ihnen zuteil wurde. Jedesmal, wenn wir die Schule besuchten, wurden wir vom Direktorium, Lehrern, Lehrerinnen und Schülern willkommen geheißen.

Pam Mulligan war Lehrerin einer traditionellen, wohlerzogenen Klasse, zeigte gute Kontrolle und war in der Handhabung disziplinarischer Probleme beständig. Sie war aufrichtig zu den Kindern und kümmerte sich sehr um sie, was in der vertrauensvollen Atmosphäre der Klasse zum Ausdruck kam.

Wir entschieden uns gegen das Konfliktlösungsprogramm, weil wir das Gefühl hatten, es würde den Kindern mehr nützen, mit ihnen workshops zur Förderung des Selbstbewußtseins und für den Aufbau des Gemeinschaftsgefühls durchzuführen. Wir stellten fest, daß die Kinder mit Erfolg in Großgruppen arbeiten konnten. Unser erster workshop konzentrierte sich auf Geschwisterkonflikte, da es schien, daß die Kinder dies gern diskutieren wollten. Verglichen mit anderen Familienproblemen betrachteten die Kinder die Rivalität zwischen Geschwistern nicht als eine große Schwierigkeit. Die Ziele unserer ersten Sitzungen waren, eine Beziehung zu den Kindern herzustellen, sie mit dem Programm vertraut zu machen und zu entdecken, an welchen entscheidenden Fragen sie arbeiten müßten und wollten. Um zu zeigen, daß Lehrer und Lehrerinnen auch menschliche Wesen sind, machten wir eine Sitzung über deren Rollen. Aber ohne Verständnis für Rollenspiele war es für die Kinder schwierig, objektiv zu sein und sich selbst in der Rolle der Lehrerin oder des Lehrers zu sehen. Als wir zu einem späteren Zeitpunkt eine ähnliche Sitzung machten, waren die Kinder besser in der Lage, objektiv zu sein und beide Seiten einer Situation zu verstehen

Da es uns nötig schien, mit der Klasse an ihren Kommunikationsfähigkeiten zu arbeiten, arrangierten wir zehn workshops auf diesem Gebiet. Die workshops über Fähigkeiten im Zuhören beinhalteten strukturierte Spiele wie *Stille Post, Nacherzählen, Geschichtenerzählen* und *Anweisungen ausführen*. Dabei benutzten wir Tonbandgeräte, um zu überprüfen, ob auch jedes Detail einer Geschichte gehört worden war. Die workshops über Beobachtungsfähigkeiten beinhalteten die Übungen *Hellsehen, Offen oder geschlossen, Beobachtungsgabe, Augen-*

zeugen-Pantomime und *Fischbecken.* Wir boten auch workshops zur Verbesserung der Ausdrucksfähigkeiten an und setzten dafür die folgenden Spiele ein: *Reporter-Interview, Kleingruppen-Interview, Zwerchfellatmung, Rot-Grün* und *Vor der Gruppe sprechen.* Da die Kinder Schwierigkeiten damit hatten, ihre Gefühle durch Zeichnen zu artikulieren, erwies sich diese Technik als nicht erfolgreich. (Die hier erwähnten Übungen sind in Kapitel 9 beschrieben.)

Diese workshops waren erfolgreich, weil bei den meisten Aktivitäten alle Kinder entweder als Teilnehmer oder Beobachter mitmachen konnten. So wurde beim *Kleingruppen-Interview* z.B. ein Kind befragt, während sich die anderen weitere Fragen ausdachten. Ein zweiter Grund für den Erfolg dieser workshops lag darin, daß Phantasiewelten geschaffen wurden. *Hellsehen, Geschichtenerzählen* und *Beobachten* sind gute Beispiele dafür. Die Kinder widersetzten sich, über die Schule Bilder zu zeichnen oder sich Pantomimen auszudenken, waren aber begeistert dabei, wenn ihnen „Im Zirkus", „Im Park" oder „Bei McDonalds" als Themen vorgegeben wurden. Und drittens liebten die Kinder herausfordernde Spiele und Übungen, solange wir sie ihnen klar und deutlich erläuterten. Um den Kindern zu helfen, diese Spiele besser zu verstehen, führten wir sie zur Demonstration oft selbst vor. Wir versuchten, eher etwas zu zeigen als Aktivitäten mit Worten zu beschreiben, weil die Kinder auf unsere Aktionen viel aufmerksamer reagierten als auf unsere Worte.

Wir lernten auch, daß es wichtig war, daß die Lehrerin sich an Spielen und Übungen beteiligte. Spielte sie erstmal einen Part in einer Pantomime, den die Kinder amüsant fanden, war dadurch das Risiko für die Kinder vermindert und ermutigte sie zur Teilnahme. Wurden wir von der Lehrerin ernst genommen, hatten die workshops auch einen höheren Wert für die Kinder. Von unserer Warte aus war es wichtig, daß die Lehrerin so oft wie möglich die Rolle der Moderatorin übernahm. Deshalb setzten wir alles dran, vor, während und nach den workshops Kontakt zu ihr zu haben. Wir riefen am Abend vor dem workshop an, um nochmal unsere Pläne mit ihr zu besprechen und machten nach jeder Sitzung eine Auswertung mit ihr.

Nach den workshops über Kommunikationsfähigkeiten waren wir soweit, an Konfliktbewältigung zu arbeiten. Mittlerweile hatten die Kinder einige Fertigkeiten im Rollenspiel und mit Pantomimen entwickelt, so daß sie sich ganz wohl fühlten dabei, ihre persönlichen Erfahrungen mit anderen auszutauschen. Als Themen wählten wir *Straßenprobleme* und *Ausgeschlossensein.* Wir machten Rollenspiele, in denen Kinder auf der Straße überfallen werden und diskutierten Möglichkeiten, mit dem Problem fertig zu werden. Auch die Ausschlußübungen *Kauderwelsch* und *Andere körperlich ausschließen* wurden benutzt.

Singen funktionierte nicht besonders gut in dieser Klasse. Meistens war es so, daß bei unserer Ankunft die Kinder schon im Kreis saßen und darauf warteten, daß begonnen würde. Sie brauchten keine Aufwärmspiele oder irgendwelche Ermutigungen, sich auf unsere Angebote zu konzentrieren. Hätten wir in dieser Klasse mehr Zeit gehabt, workshops fortzusetzen, hätten wir weiter an Konfliktbewältigung gearbeitet. Die Lehrerin hatte das Gefühl, daß die Klasse in ihren Kommunikationsfähigkeiten ein gutes Stück vorangekommen war.

3. Eine andere Vierte Klasse in Ost-Harlem, New York City

Mit dieser Klasse in Ost-Harlem arbeiteten wir während des Schuljahres 1974-75. Mit den Semesterferien verlor die Klasse die Hälfte ihrer Mitschülerinnen und erhielt dafür eine noch größere Anzahl aus einer anderen Klasse, was uns zwang, neu anzufangen. Wir wollten den Neuen in der Klasse mitgeben, was wir bereits getan hatten, aber uns gleichzeitig mit den Bisherigen auf neue Gebiete begeben. Das größte Problem in beiden Gruppen schien uns der Mangel an Selbstwertgefühl und gegenseitigem Respekt. So entschieden wir, fast das ganze Semester mit der Förderung des Selbstbewußtseins zu verbringen.

Wir begannen mit Singen und Namensspielen, um uns selbst vorzustellen, die neuen Kinder kennenzulernen und ein Gemeinschaftsgefühl entstehen zu lassen. Die alten Mitglieder der Klasse waren erpicht darauf, den Neulingen Lieder und Aufwärmaktivitäten beizubringen. Dies war eine gute Selbstbestätigung für die alten Klassenmitglieder, die sich sicher genug fühlten, die Neuen in der Klasse Lieder und Spiele zu lehren. Gleichzeitig erhielten so die neuen Schülerinnen und Schüler mehr Aufmerksamkeit, als allgemein im ersten gemeinsamen Semester möglich war.

Wir veranstalteten *Silhouetten malen*, befestigten die Ergebnisse an der Wand, um sie zu bewundern und erreichten es, daß fünf positive Aussagen über jedes Kind zustandekamen, die an die Schattenrisse geklebt wurden. In kleinen und großen Gruppen verbrachten wir eine Menge Zeit mit Bestätigen und Fördern des Selbstwertgefühles. Wir fingen mit so einfachen Fragen an wie: „Nenne eine Sache, mit der Du letzte Woche viel Spaß hattest." Als nächstes stellten die Kinder in Pantomimen etwas vor, das sie gern taten, und die anderen mußten dann raten, um was es sich handelte. Auch *Kleingruppen-Interviews* wurden versucht, in denen die Kinder Themen selbst auswählten, während sich die anderen dazu die Fragen für die Interviews ausdachten. Die Kinder wechselten sich jeweils ab, so daß alle mal drankamen, befragt zu werden oder selbst Fragen zu stellen.

Dann wurde an Kooperationsfähigkeiten gearbeitet, indem wir Monster und Maschinen in Kleingruppen bauten und sie später der Klasse vorstellten. Wir betonten das gegenseitige Bestätigen, und die Kinder zögerten nicht, die Arbeit der anderen zu bewundern. Es wurden Dias von den Kreationen gemacht, was zu weiterer Zustimmung in der Klasse führte.

Am Ende der acht Wochen stellten wir Gemeinschaftsgefühl, Ausgelassenheit und gegenseitiges Bestätigen fest. Wir vermuteten, daß nun die Notwendigkeit für ein tiefergehendes Projekt anstünde und begannen mit der *Persönlichen Sammelmappe – nur über mich*, mit der wir die restlichen sieben Wochen des Programms verbrachten. Wir ließen die Kinder in jeder Sitzung ein oder zwei Blätter für die Sammelmappe herstellen und gingen dabei so vor, wie das in Kapitel 11 beschrieben ist. Die Seiten wurden in Kleingruppen gestaltet und abwechselnd jede einzelne auch diskutiert. Eifrig suchten und boten die Kinder Hilfe beim Buchstabieren und waren sehr stolz auf das Erscheinungsbild ihrer Blätter. Ständig benutzten sie die Materialien gemeinsam und zeigten ihre gegenseitige Wertschätzung. Neben den Blättern für die *Persönlichen Sammelmap-*

pen gab es Aufwärm- und Kooperationsspiele wie *Brrromm, Kreissitzen mit Musik, Pantomimen* und *Stille Post.*

Wir sangen in jeder Sitzung, händigten Textblätter aus, um den Kindern zu helfen, neue Lieder zu lernen. Die Kinder mochten diese Textblätter so sehr, daß sie sie in ihre *Persönlichen Sammelmappen* hefteten. Auch Puppenspiele ließen wir die Kinder vorspielen, bevor die Puppen in den *Persönlichen Sammelmappen* verschwanden.

In der letzten Sitzung sangen wir alle Lieder, die wir kannten, hatten Kleingruppen für schriftliche Auswertungen und stellten die *Persönlichen Sammelmappen* fertig. Aktivitäten, die die Kinder am meisten liebten, waren *Silhouetten, Umschlaggestaltung für die Persönlichen Sammelmappen, Ballonblätter, T-shirts,* sich fotografieren lassen, Puppen basteln, sowie *Maschinen bauen* und *Stille Post.*

4. Eine Zweite Klasse in Ost-Harlem, New York City

Mit der Lehrerin dieser Klasse hatten wir früher bereits gearbeitet. In diesem Jahr war die Integration unserer Techniken und Übungen in den Schulalltag und den Lehrplan unser Ziel. Nachdem wir die ersten Sitzungen mit Aufwärmübungen begonnen hatten, beschäftigten wir uns als nächstes mit der Bildung von Gemeinschaftsgefühl, gefolgt von drei Sitzungen, in denen wir *Konfliktgeschichten lesen* und über Lösungen diskutieren ließen.

Wir entschieden, mit weiteren Klassen zusammenzuarbeiten, um eine Weihnachtsvorstellung für die jüngeren Klassen zu geben. Die Produktion enthielt Parodien, Puppenspiele, Diavorführungen und Singen. Nach den Ferien widmeten wir einige Sitzungen den *Persönlichen Sammelmappen.* Wir begannen mit Zeichenübungen und bewegten uns langsam hin zum Schreiben. Das sahen wir als einen Weg, Schreib- und Lesefertigkeiten zu verbessern. Die Schreibübungen beinhalteten Aktivitäten wie *Lieblingsfrüchte, Lieblingstiere, Lieblingswetter, Mein Familienbaum* und *Ich über mich.* Und wir sangen weiter zusammen.

Im Februar machten wir *Etwas Nettes zum Valentinstag* als Lese- und Schreibprojekt. Die Lehrerin hatte Sorgen wegen der bevorstehenden Lesetests und wollte ihre Klasse so vorbereiten, daß es sowohl Bestätigung wie Spaß bringen würde. Zusammen erarbeiteten wir dafür eine Struktur. Die Lehrerin benutzte alte Lesetests, um Modelfragen zu finden. Die Kinder ließen wir ihre eigenen Tests erfinden, damit sie die Struktur solcher Tests verstehen lernten und um Ihnen Praxiserfahrungen für solche Prüfungen zu ermöglichen. Während der ersten Woche benutzten wir das *Wortspiel* und in der zweiten Woche *Das Sätze-ergänzen-Spiel.* (Sie sind alle in Kapitel 10 beschrieben.) In jedem Spiel wählten die Kinder ein Bild aus, klebten es auf ein Blatt und erfanden Worte oder Sätze, von denen ein Wort oder ein Satz das Bild beschrieb. Die Kinder tauschten ihre Spiele mit der Klasse aus, die versuchte, das korrekte Wort oder den korrekten Satz zu erraten und dann mächtig applaudierte. Die *Bilderspiele* waren für die einzelnen Kinder sowohl bestätigend als auch eine effektive Übung für die Lesetests.

Zum Ende des Schuljahres machten wir einige Ausflüge und ließen die Kinder positive Dinge darüber schreiben. Außerdem bezogen wir für den Muttertag Kunst und Handwerk ein, einschließlich Weben und Kollagen und ließen als Schreibprojekt Muttertagskarten anfertigen.

Die paar letzten Wochen verbrachten wir mit Kooperationsübungen wie *Gemeinsames Musizieren*, wofür jedes Kind ein Musikinstrument bastelte. Die letzte Sitzung wurde von den Kindern selbst gestaltet, um die Spiele und Lieder einzubauen, die sie am meisten mochten.

5. Lehrerfortbildungskurse an den Montclair-Schulen in New Jersey

Wir organisierten eine Serie von 18 workshops für Lehrerinnen und Lehrer sowie die Mitglieder des Direktoriums der Montclairschulen in New Jersey, unterteilt in zwei Kurse. Der erste beschäftigte sich mit der Entwicklung des Selbstverständnisses der Lehrerinnen und des Direktoriums, der zweite mit Konfliktlösungen. Der Kurs über Konfliktlösungen beinhaltete Diskussionen über Konflikte, mit denen die Lehrer fertigwerden mußten. Das folgende ist ein Bericht über diesen Kurs.

Ziel der ersten Sitzung war es, die Teilnehmer miteinander bekannt zu machen, es ihnen zu ermöglichen, sich miteinander wohlzufühlen und anzufangen, die Elemente von Konflikten zu diskutieren. Wir benutzten *Konfliktgeschichten lesen* und hatten ein brainstorming über die Ursachen von Konflikten.

Die zweite Sitzung begann mit einem Überblick und einer Kategorisierung der Ideen aus dem brainstorming. Wir diskutierten die Verwendung von Puppenspiel und Comicbüchern bei Kindern.

In der dritten Sitzung konzentrierten wir uns auf Rollenspiele und stellten die Techniken des *Rollentauschs* und der *Schnellen Entscheidungsfindung* vor. Wir diskutierten, wie ein Rollenspiel aufgebaut wird und auch die Alternativen, entweder die Lehrerinnen das Szenario auswählen zu lassen oder der Klasse zu erlauben, in einem *brainstorming* die Situation unter die Lupe zu nehmen. Es ging auch um andere Aspekte des Rollenspiels, wie z.B. die Wichtigkeit, das Problem klar zu benennen, wie man die Charaktere auswählt und die Szene aufbaut. Wir verwiesen darauf, wie Rollenspiele den Kindern helfen, alternative Lösungen zu Konflikten zu finden, Kommunikation zu analysieren und Motive und Gefühle anderer wahrzunehmen.

In der vierten Sitzung benutzten wir Sketche und untersuchten die vielen Möglichkeiten der *Leichten Flotties*. Wir diskutierten die Unterschiede zwischen Sketch und Rollenspiel, führten ein ausgedehntes Rollenspiel durch und diskutierten, wie man eine Sitzung plant, um auf die Erfordernisse der Klasse richtig eingehen zu können.

In der fünften Sitzung benutzten wir die Übung *Ich wünsche mir eine Lösung* und stellten *Konfliktgeschichten schreiben* vor. In der nächsten Sitzung diskutierten wir den Aufbau bestimmter Muster, um mit Konflikten umzugehen und erwähnten den Gebrauch von workshops und Klassentreffen. Mittlerweile benutzten die Lehrerinnen und Lehrer bereits einige dieser Techniken in ihren Klassen, so daß ihre persönlichen Erfahrungen in die Diskussionen mit einflossen. Die zwei nachfolgenden Sitzungen verbrachten wir mit Rollenspielen zu besonderen Konfliktkonstellationen — unter Kindern, unter Erwachsenen, zwischen Lerern und Kindern sowie zwischen Eltern und Kindern. Zusätzlich zu unseren Gesprächen über den Gebrauch verschiedener Konfliktlösungstechniken bei den Kindern stellten wir Überlegungen über die Konflikte selbst an. Die Abschlußsitzung beinhaltete einen Überblick über die vergangenen acht Wochen, eine intensive Auswertung und eine Diskussion über Schlußfolgerungen bezüglich Konfliktlösungen. Die Lehrerinnen und Lehrer waren besonders stolz darauf, daß ihnen so viele unterschiedliche Ideen gekommen waren, wie mit den Konflikten in der Klasse umgegangen werden kann.

6. Einige neue Richtungen

Zu den neuen Richtungen, die wir mit dem KUK-Konzept eingeschlagen haben, gehören Mediationstraining* und die Wahrnehmung von Voreingenommenheit. Ein Beispiel aus der Mediationsarbeit ist ein Training für eine Gruppe von sechs Kindern aus einer fünften Klasse während der Mittagspause. Die Kinder erhielten ein achtwöchiges Training (1 1/2 Stunden je Woche) und praktizierten danach selbst bei Konflikten in der Klasse und auf dem Schulhof Mediationstechniken mit den Beteiligten. Im darauffolgenden Jahr weitete sich das Programm stark aus, da zwei Schulen das Mediationsprogramm für den Gesamtbereich ihrer Schulen aufgriffen. Schülerinnen und Schüler, die bereits Erfahrungen mit dem KUK-Konzept hatten, wurden für die Mediation ausgewählt, in zehn zweistündigen Sitzungen trainiert und in beiden Schulen mit der Pausenaufsicht betraut.

Was die Wahrnehmung von Voreingenommenheiten angeht, wurden Aktivitäten vorgestellt, die sich besonders auf Herabwürdigungen, Spitznamen und Vorurteile konzentrierten. Redner und Moderatorinnen von workshops legten dar, wie dies aus der Perspektive amerikanischer Ureinwohner aussieht. Eine Lehrerin, mit der wir früher schon gearbeitet hatten, lud uns ein, eine multikulturelle Betrachtung vorzustellen. Wir präsentierten einen Diavortrag über Jugoslawien, und zwei jugoslawische Kinder aus der Klasse erfuhren sehr viel Bestätigung durch die wunderbaren Fotos. Wir sprachen über Sprache, Essen und Kleidung in Jugoslawien. Die Reaktionen waren so positiv, daß wir Diavorträge über Holland, Frankreich, Deutschland, die Schweiz und die Sowjetunion fanden und sie in anderen Klassen zeigten. Wir hoffen, diese Entwicklung weiterzuführen.

---

* Christoph Besemer: *Mediation. Vermittlung von Konflikten*. Heidelberg 1993, Werkstatt für Gewaltfreie Aktion, Baden

Entwicklung von Kooperationsfähigkeit bei Kindern

Die Rolle der Lehrerinnen und Lehrer

von *Loren D. Weybright,* City College, New York

In diesem Papier wird das Verhältnis zwischen einer entwicklungsorientierten Sicht und einer unterstützenden Atmosphäre untersucht, in der Wachstum von Selbstwertgefühl und Fähigkeiten zu Kommunikation, Zusammenarbeit und Konfliktlösung gesteigert werden. Es gibt verschiedene psychologische Überlegungen, die im Mittelpunkt von Jean Piagets Ideen über die Herausbildung von Kooperations- und Denkfähigkeit stehen, aus denen sich direkte Folgerungen für diejenigen ergeben, die mit Kindern (und Erwachsenen) arbeiten. Dabei geht es zum einen darum, daß das Denken und das Weltbild der Kinder recht verschieden sind von den Denkweisen Erwachsener. Diese Unterschiede kommen im Sinne von aufeinanderfolgenden Entwicklungsstufen zum Ausdruck. Zum anderen handelt es sich darum, daß die Entwicklung des Denkens und einer kooperativen Sichtweise auf einem Prozeß von Handlungen und Wechselwirkungen beruhen. Zusätzlich wird dabei die Wichtigkeit beschrieben, Aktionen, Sprache und Entwicklung der Kinder ganz allgemein zu beobachten. Im Gegensatz zu früheren Annahmen entdeckte Piaget nicht nur, daß Kinder weniger wissen als Erwachsene, sondern daß es grundsätzliche Unterschiede der Gedankenmuster gibt, die sich grob nach Altersgruppen unterscheiden lassen. Diese Gedankengebäude, bzw. die „Struktur", wie Piaget es nennt, in der die Vorstellungen der Kinder über ihre physische und soziale Umwelt zum Ausdruck kommen, differieren grundsätzlich, oft auf dramatische Weise, vom Gesichtspunkt Erwachsener. So rief z.B. ein Vorschulkind seinem Vater zu: „Stell Dich hinter mich, Vati, damit Dich niemand sehen kann." Und eine Dreijährige verkündete: „Ich habe Füße, Du hast Füße, Kurt hat keine Füße. Er ist nicht hier."

Aus der Warte eines kleinen Kindes sehen alle anderen das Gleiche, was es sieht. Was es nicht sieht, hat keine große Bedeutung. Piaget bezeichnet dies als egozentrisches Denken. Während der Vorschuljahre, etwa vom zweiten bis zum fünften oder siebten Lebensjahr, ist das Kind buchstäblich nur auf einen einzigen Gesichtspunkt (den eigenen) konzentriert, und es erwartet, daß alle anderen das ebenfalls tun. Vorschulkinder (und auch viele Grundschulkinder) werden, wenn sie eine Geschichte nacherzählen oder Anweisungen weitergeben, nur ein Minimum der gesamten Geschichte darstellen. Sie setzen voraus, daß die Zuhörer auch alles wissen, was sie wissen, warum also das Offensichtliche wiederholen! Erst das ältere Kind beginnt zu verstehen, daß es ganz eindeutig auch andere Ansichten als die eigenen gibt.

Die hier zum Ausdruck gebrachten unterschiedlichen Sichtweisen charakterisieren die zwei Entwicklungsstufen sozialer Kooperation. Piaget (1932) beschreibt diese Stufen als Werteordnungen der Kindheit, die Ethik der durch Erwachsene ausgeübten Begrenzungen und die Ethik zur freiwilligen Kooperation fähig werdenden Kinder.

Begrenzung und Egozentrismus

Was die Ethik der Begrenzung angeht, sieht es so aus, daß die Urteilskraft der Kinder durch die externen Regeln der Erwachsenenautorität eingeschränkt wird. Regeln, so glauben sie, können nicht verändert werden. Ein Kind paßt sich den Begrenzungen durch die Erwachsenen an, indem es eine Verhaltensregel auf die gleiche Stufe wie etwas moralisch Unveränderbares erhebt, d.h. daß es über Missetaten oder Fehlverhalten anhand äußerer Beweise und nicht anhand innerer Motive entscheidet. So hat ein Kind z.B. die Vorstellung, daß jemand, der aus Versehen viele Gläser zerbrach, eine größere Strafe erhalten muß als jemand, der nur wenige Gläser zerbrach, egal aus welchem Grund. Ein Kind konzentriert sich mehr auf die „Buchstaben des Gesetzes", als die Ideen in Betracht zu ziehen, die dahinter stehen. Für die Vorstellungen des Kindes von Gerechtigkeit ist Autorität das höchste Entscheidungskriterium, und das Kind ist nicht in der Lage, sich Möglichkeiten für eine der Situation angemessene Bestrafung oder Belohnung vorzustellen (Piaget, 1932).

Alter und Stufen

Die erste Stufe der von Erwachsenen ausgeübten Begrenzung reicht von der Geburt bis etwa zum siebten oder achten Lebensjahr und wird von der Stufe der Kooperation abgelöst. Das Alter, in dem die Entscheidung zur freiwilligen Kooperation zuerst in Erscheinung tritt, ist von Kind zu Kind völlig verschieden und variiert selbst beim gleichen Kind, wenn es unterschiedliche Konfliktsituationen beurteilt. Ich habe Sechsjährige in einem Kooperationsspiel beobachtet, die ernsthafte gemeinsame Anstrengungen unternahmen, um ein Spielhaus aufzubauen. Die fundamentale Bedeutung dieser Stufenfolge liegt darin, daß die Reihenfolge der einzelnen Entwicklungsschritte unveränderlich ist.

Kooperation

Die Grundsätze der Kooperation sind bei Kindern zu beobachten, von denen Regeln beachtet werden, die auf rationalen sozialen Konventionen beruhen, d.h. Regeln, die eher Gruppenzielen dienen als den Zielen Einzelner. Diese älteren Kinder, etwa vom siebten Lebensjahr ab, versuchen, einen Gruppenkonsens über ihre Spielregeln herzustellen. Beim *Monster-Basteln* würden sie für eine kooperativ zu entwickelnde Zeichnung eines Monsters eher nach einer gemeinsamen Grundlage, einem einheitlichen Bild, streben, als daß jedes Kind einfach eigene Arme und Beine dafür malte, die in keinem Verhältnis zum Ganzen stünden.

Fehlverhalten wird auf der Grundlage von Motiven und äußeren Beweisen beurteilt. So wurden z.B. schachspielende Kinder beobachtet, die sich sorgfältig an die Spielregeln hielten, mit der Ausnahme, daß einige über das Spiel sprachen. Sie gaben einer neuen Mitspielerin hilfreiche Tips, zeigten ihr, obwohl das gegen die Regeln verstieß, welche Züge sie machen mußte. Die besonderen Umstände, in diesem Fall der Unterricht für eine neue Spielerin, setzten die Spielregel, daß Zuschauer sich nicht über die Züge der Spieler äußern dürfen, außer Kraft.

Wenn es um Gerechtigkeit geht, sind die Kinder in der Lage, ihre Verhaltensbeurteilungen in einen sozialen Zusammenhang zu stellen, was einer Gleichheit für alle entspricht (Piaget, 1932). Bei einer Diskussion über Konfliktsituationen würden Dritt- oder Viertkläßler auf dieser Entwicklungsstufe Lösungen vorschlagen, bei denen alle Beteiligten gleich behandelt werden müssen, unabhängig von irgendwelchen besonderen Umständen. Erst später sind Kinder in der Lage, Vorstellungen von Gleichheit und Gerechtigkeit aufeinander abzustimmen, was sie bei ihren Beurteilungen zur Anwendung „mildernder" Umstände veranlassen kann.

Die Entwicklung der Kooperationsfähigkeit hat ihre Wurzeln in den Vorschuljahren, wenn die Kinder Spielzeug, Freunde, Gefühle und Ideen miteinander teilen. Aber das Miteinanderteilen ist in diesem Alter auf Gelegenheiten begrenzt, bei denen die Kinder ein gemeinschaftliches Ziel haben. Während des Grundschulalters entwickeln die Kinder gemeinsame Ziele und Gefühle wie gegenseitige Achtung und Sympathie. Hier sind sie auch zuerst in der Lage, sich vorzustellen, daß es andere Gesichtspunkte gibt als ihre eigenen. Sie sind fähig, an Aktionen und Ideen anderer zu denken. Gegen Ende der Grundschulzeit ist die Entwicklung wahrer Kooperation auf der Grundlage eines Gruppenkonsenses zu beobachten. Diese älteren Kinder suchen für ihre Ideen z.B. ganz bewußt die Anerkennung ihrer Mitschülerinnen und Mitschüler. „Wir können dem Monster einen goldenen Kopf bauen, ja?" „Ohja, prima, und wir basteln ihm noch einen dazu passenden goldenen Schild."

Wissen und Handeln

Offensichtlich ist während der Entwicklung der Kooperationsfähigkeit wie der Denkfähigkeiten ein Unterschied zwischen dem Wissen, wie die „richtige" Lösung aussieht und einer an dieser Lösung orientierten Handlung zu beobachten. Die Entwicklung wahrer Kooperationsfähigkeit ist von Absichten und gemeinsamen Beratungen abhängig, die sich auf die direkten Erfahrungen im Zusammenhang mit den Interessensgebieten der Kinder selbst gründen. Brearly (1970) vertritt die Ansicht, daß es verhältnismäßig einfach ist, kleinen Kindern beizubringen, „Es tut mir leid" zu sagen, wenn sie etwas grob miteinander umgehen und jemandem wehgetan wird dabei. Aber es ist eine ganz andere Sache, Gefühle des Schmerzes zu verstehen und die Gefühle des anderen Kindes im Moment des Verletztwerdens zu erfassen und mitzuempfinden.

Zusammenfassend kann gesagt werden, daß es sich beim Wachstum der Kinder hin zur Kooperationsfähigkeit vorrangig darum handelt, die Gesichtspunkte anderer Menschen zu verstehen. Die Fähigkeit des Kindes, sich selbst in die Lage anderer zu versetzen, entwickelt sich nur nach und nach durch soziale Wechselwirkungen mit Gleichaltrigen und Erwachsenen bei vielen unterschiedlichen Gelegenheiten. Sie ist zum Teil von der Qualität der Erfahrungen dieses Kindes, der Qualität der Wechselwirkungen, abhängig.

Handlung und Wechselwirkung

Die aufeinanderfolgenden Stufen brauchen die Lehrerinnen nicht in den Mittelpunkt ihrer Beobachtungen über die soziale Entwicklung der Kinder zu stellen. Wichtiger als alles andere sind lt. Brearly (1970) Richtung und Prozeß von Handlungen und Wechselwirkungen. Das zentrale Thema von Aktion und Interaktion, von Handlung und Wechselwirkung, ist ein Vorgang, der in allen Altersgruppen immer wieder auftaucht. Im Zentrum von Piagets Theorie stehen seine Vorstellungen über das Wachstum der Intelligenz und die Entwicklung der Kooperationsfähigkeit als aktive Prozesse. Die Aktivität des Kindes (oder Erwachsenen) kommt in zwei Handlungstypen zum Ausdruck: erstens als äußere sensorische und motorische Erforschung der Umgebung des Kindes, wie z.B. die Beschaffenheit von Matsch zu untersuchen oder herauszufinden, wie sich Wasser anfühlt und zweitens als Denkvorgang, wie etwa Vergleiche anzustellen (zwischen Sand und Wasser), zu zählen oder Wettbewerbe einzugehen (meine Idee gegen Deine).

Ein wichtiges Beispiel von aktivem Handeln und den sich daraus ergebenden Wechselwirkungen wird im Rollenspiel gesehen, weil das Kind, das eine Rolle spielt, bei dieser Gelegenheit zu erfassen lernt, was die Handlung eines anderen Kindes bedeutet. Wenn das Kind im Rollenspiel die Erfahrung eines Zwischenfalles macht (wenn es z.B. die Rolle eines Kindes spielt, das ausgeschlossen wurde), verfügt es danach über eine ihm und dem anderen Kind (das wirklich ausgeschlossen wurde) gemeinsame Grunderfahrung.

Erfahrungen im Rollenspiel werden z.B. in unterschiedlichem Alter nicht auf gleiche Art verstanden. Das kleine Kind, das noch nicht in der Lage ist, aus sich selbst herauszutreten, kann der Erfahrung durch das Rollenspiel nur etwas abgewinnen, wenn es bereits selbst ähnliche Erfahrungen gemacht hat. Das ältere Kind, das schon in der Lage ist, neben dem eigenen Gesichtspunkt auch andere wahrzunehmen und zu formulieren, mag bereits zutiefst mit der vorgestellten Rolle mitempfinden. Das jüngere Kind ist zum jeweiligen Zeitpunkt lediglich auf einen Aspekt der Rolle konzentriert, der seine eigene eindimensionale Ansicht am ehesten reflektiert. Das ältere Kind (vom siebten bis zum zehnten Lebensjahr) kann z.B. in seinen Erläuterungen über Gleichheit sofort über verschiedene unterschiedliche Aspekte dieser Erfahrung berichten. Das ältere Kind weiß auch, daß die Regeln dem Test des Gruppenkonsenses standhalten müssen.

Die Bedeutung von Handlung und Wechselwirkung faßt Piaget zusammen, wenn er zur Diskussion stellt, daß Kinder, wenn sich ihre Intelligenz (oder Kooperationsfähigkeit) entwickeln soll, dies selbst in die Hand nehmen müssen. Dieses aktive und kluge Verhalten kann bei Vorschulkindern beobachtet werden, wenn die Jungen und Mädchen beginnen, die wichtigen Konzepte der väterlichen oder mütterlichen Rollen zu entwickeln. Zu Anfang ist es eine eingeschränkte Sicht einer eindimensionalen Rolle: Eine Mutter kann nur den Haushalt führen. Erst später wird verstanden, daß die Mutter beides, Hausfrau und z.B. Ärztin, sein kann.

Besonders wird von Piaget die Wichtigkeit der Beobachtung selbst, sowohl für die Lehrerinnen wie für das Kind, hervorgehoben. Piagets (1972) für die Forschung aufgestellten klinischen Beobachtungsmethoden über die Entwicklung von Kindern bieten für beobachtende Lehrerinnen einen passenden Einstieg, um eine objektive Analyse der sozialen Wechselwirkungen bei Kindern durchzuführen. Die in diesem Handbuch beschriebenen Aktivitäten des *Konzeptes für Kreativen Umgang der Kinder mit Konflikten* ermöglichen eine Ausdehnung dieses Prozesses, so daß die Kinder selbst zu aktiven Beobachtungen befähigt werden.

Die zentrale Absicht von Piagets Methode ist es, eine allgemeine Tendenz zu erfassen, d.h. die Strukturen zu entdecken, die den Handlungen der Kinder und den sich daraus ergebenden sozialen Wechselwirkungen zugrundeliegen. Beobachtende sollten sich zu Beginn auf nur ein Kind oder eine Aktivität konzentrieren und regelmäßig Aufzeichnungen über Sprache und Handlungen machen, wie sie für kurze Zeiten täglich oder über einige Tage hin vorkommen. Indem sie Handlungen und Worte EINES Kindes als Ganzes betrachten und untersuchen, sind sie in der Lage, eine Bestandsliste der Ideen und Verständigungsfähigkeiten dieses Kindes anzulegen. Diese Bestandsliste kann als eine Art Tagebuch oder Anekdotenbericht geführt werden und sollte immer zur Hand sein, um jederzeit Notizen machen zu können. Werden solche Beobachtungen über ein Kind während eines langen Zeitraumes in vielen Situationen festgehalten, können sie benutzt werden, um Muster in der Entwicklung dieses Kindes aufzudecken. Es ist die langfristige Betrachtung des Wachstums eines Kindes, die es den Lehrerinnen und Lehrern ermöglicht, den jeweiligen Entwicklungsstand in eine allgemein gültige Perspektive einzuordnen.

Beobachtungsfähigkeiten der Kinder werden in Kapitel 9 „Kannst Du mich hören?" beschrieben. Ihre Förderung ist wesentlicher Teil des KUK-Konzeptes. Das objektive Erfassen sozialer und physischer Wechselwirkungen durch Kinder (und Erwachsene) ist zugrundeliegendes Ziel von Aktivitäten wie *Finde Deine Apfelsine,* während der Sketch *Augenzeugen* von einer zuvor geprobten Aktivität abhängt, die nur scheinbar plötzlich vor einer Gruppe passiert. Anschließend versucht die Gruppe, die Details dessen zu beschreiben, was geschah. Im allgemeinen führt es dazu, daß die Kinder viele unterschiedliche Geschichten über den Vorfall erzählen.

Die Beschreibung einer Apfelsine oder eines Vorfalles hängt ganz vom Gesichtspunkt des jeweiligen Kindes ab. Charakteristisch für die beschreibenden Beobachtungen eines egozentrischen Kindes sind die fragmentarischen Darstellungen, die nur einen Aspekt eines Objektes oder eines Vorfalles betonen. Ein Kind auf einer kooperativen (oder wie Piaget es nennt, auf einer festen) Stufe kann eine Apfelsine auf äußerst vielfältige Weise beschreiben. Dieses Kind beginnt, die Meinung anderer bezüglich eines kürzlichen Ereignisses als ebenso richtig zu akzeptieren wie die eigene.

Brearly (1970) zeigt, wie Wahrnehmungen zum Teil durch frühere, also persönliche und verinnerlichte Erfahrungen, bestimmt werden sowie zum Teil durch Testen der Zuverlässigkeit, d.h. durch eine soziale Aktion, bei der die eigene Wahrnehmung durch die einer anderen Person bestätigt oder in Frage gestellt wird. Brearly empfiehlt zur Ermutigung des Lernens durch Beobachten, daß auch Kinder Berichtshefte oder Tagebücher führen. Solche Aufzeichnungen können über eine Vielzahl von Prozessen oder Objekte angelegt werden, wie z.B. Veränderungen in Pflanzen oder Lieblingstieren und das Wachstum von Tieren oder Kindern. Diese Beobachtungen dienen den Kindern zur Bewußtwerdung eigener Erfahrungen. Außerdem bringen sie einen Wachstumsanreiz mit sich, Beobachtungen und Wahrnehmungen anderer Personen als ebenso wohlbegründet zu akzeptieren wie die eigenen.

Die Rolle der Lehrerinnen und Lehrer, den Kindern bei der Wahrnehmung physischer oder sozialer Geschehnisse Unterstützung zu sein, dient dazu, Interessen und Ideen der Kinder zu dokumentieren und zu beschreiben, ihre Denk- und Handlungsmöglichkeiten auszuweiten, Fragen aufzuwerfen, die auf den Fragen der Kinder aufbauen und dabei sowohl deren Erfahrungen wie deren Ideen einzubeziehen. Die allmählich sichtbar werdende Kooperationsfähigkeit des Kindes ist von der Fähigkeit des Lehrers und des Kindes abhängig, die Vorstellungen anderer Menschen zu verstehen und ihnen zuzuhören.

Die Entwicklung der Kooperationsfähigkeit ist entscheidend für die Lösung von Konflikten. Die Ursprünge von Konflikten sind oft auf fehlende Kommunikation oder mangelnden Ideenaustausch zurückzuführen. Der Lehrer kann die Entwicklung der Kommunikationsfähigkeit fördern, indem er Gelegenheiten schafft, bei denen es zu echten Dialogen kommen kann. Verstärkt wird dies durch sorgfältiges Notieren und Dokumentieren von Sprachbeispielen aus den alltäglichen Erfahrungen der Kinder. Die Beispiele müssen nicht sehr ausgedehnt sein. Beobachtungen von täglich fünf oder zehn Minuten, die sich auf ein oder zwei Kinder oder Vorfälle konzentrieren, zeigen den Beobachtendem sehr oft ein Kommunikationsmuster, das sie nie zuvor bemerkt haben. Die Lehrerin kann z.B. auf diese Weise beobachten, daß die Rolle eines Zuhörers an das egozentrische Denken eines kleinen Kindes angebunden ist. Wenn das zuhörende Kind eine Geschichte nacherzählt, erklärt es nur einzelne, voneinander unabhängige Aspekte und nicht ein miteinander verbundenes Ganzes. Der Kern des Zuhörens ist der Meinungsaustausch zwischen Gleichberechtigten. Falls Lehrerinnen und Lehrer für eine Atmosphäre sorgen, die den Meinungsaustausch zwischen Kindern und Erwachsenen fördert, werden sie in der Lage sein, das Konfliktpotential zu reduzieren. Lehrer und Lehrerinnen, die Kinder regelmäßig beobachten, haben sich von der Bedeutung überzeugt, die Handlung und Wechselwirkung sowohl im unabhängigen freien Spiel als auch im Spiel nach Regeln für die intellektuelle und soziale Entwicklung von Kindern haben.

Literaturhinweise:
Brearly, M., 1970: *The Teaching of Young Children: Some Applications of Piaget's Learning Theory.* New York, Schocken Books
Piaget, J. 1972: *The Child's Conception of the World.* Deutsch: *Das Weltbild des Kindes,* München 1992, dtv 35004
Piaget, J. 1932: *The Moral Judgment of the Child.* New York, Harcourt Brace Jovanovich. Deutsch: *Das moralische Urteil beim Kinde.* 2. veränd. Aufl., Stuttgart 1983, Klett-Cotta
Weybright, L. 1976: *The Development of Play and Logical Thinking: The Teacher as Researcher.* In: *The Urban Review* 9(2): 133-140
Weybright, L. 1976: *Piaget and Children's Play.* Fairlawn, NJ, JAB Press

Das Konzept für Kreativen Umgang der Kinder mit Konflikten aus entwicklungsbezogener Sicht

Kurs für Absolventen eines Lehrerfortbildungskurses am City College, New York

Die folgende Zusammenfassung dieses am New Yorker City College abgehaltenen Lehrerfortbildungskurses gibt sowohl Informationen über den Hintergrund, die Tagesordnung der einzelnen Sitzungen als auch eine Auflistung der Grundlagen für eine solche Arbeit.

Hintergrund

Loren Weybright, Autor des Artikels „Entwicklung von Kooperationsfähigkeit bei Kindern" und Professor am New Yorker City College, besuchte im Zusammenhang mit dem Programm „Offene Korridore" unter anderem Schulen, in denen auch mit dem *Konzept für Kreativen Umgang der Kinder mit Konflikten* gearbeitet wurde. Klassenbesuche und Gespräche mit Lehrern und Mitarbeiterinnen des Programmes ermöglichten ihm das Kennenlernen. Als guter Kenner von Piagets Forschungen ist er sehr interessiert an der Spieltheorie und ihrer Beziehung zur Entwicklung des ethischen Empfindens der Kinder. In seiner Forschungsarbeit kombinierte er daraufhin Philosophie und Techniken des KUK-Konzeptes mit der Philosophie über moralische Entwicklung. Am ersten so entwickelten Kurs nahmen 15 Personen, meist Lehrer und Lehrerinnen, teil.

Ziel des Kurses war es, Lehrerinnen und Lehrern Hilfestellungen zu geben, innerhalb eines Entwicklungsrahmens selbst die Theorie zu verstehen und Techniken zu planen, die sie befähigen würden, eine kooperative, vertrauensvolle Klassenatmosphäre zu schaffen, in der Kinder kreative Lösungen für Konflikte erproben können.

Grundlagen

Der Kurs ist auf folgenden Annahmen aufgebaut:
1. Lehrer arbeiten innerhalb eines bestimmten Entwicklungsrahmens. Dazu gehört es, die Kinder in ihren ursprünglichen Vorstellungen und Praktiken in den Bereichen Kooperation, Bestätigung, Kommunikation und Konfliktlösung zu beobachten und zu unterstützen.
2. Übergibt man Menschen die Verantwortung, ihre eigenen Entscheidungen in der Klasse zu treffen, haben sie für die Strukturentwicklung der Klasse auch eine persönliche Verpflichtung. Haben Menschen erstmal die Verantwortung für ihre eigenen Entscheidungen übernommen, beginnen sie auch, durch Kooperation und soziale Interaktion, die Stärke des Einzelnen und die Macht der Gruppe zu verstehen.
3. Erwachsene, die sich der Fähigkeiten der Einzelnen und der Gruppe bewußt sind, sind besser in der Lage, die Versuche der Kinder zur Ausweitung ihrer Bedürfnisse und Fähigkeiten zu unterstützen,

4. Entwicklung von Moral und Wahrnehmungsfähigkeit ist auf eigenes Handeln und die sich daraus ergebenden sozialen Wechselwirkungen zurückzuführen und zeigt sich in der Fähigkeit zur Zusammenarbeit und des Reaktionsvermögens auf Konflikte. Sollen sich moralische und kognitive Strukturen entwickeln, müssen Kinder und Erwachsene sie konstruieren. Dieser Kurs wurde geschaffen, damit die Beteiligten lernen, solche Entwicklungen zu begünstigen, indem sie die Aktivitäten der Kinder beobachten, ihnen zuhören, daran teilnehmen und sie auswerten. Sie entwickeln Grundlagen und Mittel, die Techniken zur Unterstützung des Wachstums sowohl bei sich selbst wie bei den Kindern anzuwenden. Sie entwickeln alternative Wege, Kooperation und Konfliktlösung in die Gesamtstruktur des Schulalltags zu integrieren.

Kursaufbau

Sitzung 1
Besprechung der Tagesordnung
Einführung; *Eine Sache, die ich mag*
Projekteinführung und Theorie
Einzelheiten über die Struktur, Infomaterial
Drei-Fragen-Interview
Auswertung

Sitzung 2
Tagesordnung, Logistik
Namensspiele
Pantomime: Eine Sache, die ich mag
Stille Post
Kooperatives Zeichnen in Kleingruppen
Auswertung

Sitzung 3
Tagesordnung, Logistik
Neues und Gutes
Erwartungsaustausch
Einführung in Konfliktlösung
Diskussion, Auswertung

Sitzung 4
Tagesordnung und Logistik
Neues und Gutes
Maschinen bauen
Diskussion über Entwicklungstheorien
Auswertung

Sitzung 5
Neues und Gutes: Ein Buch, das Du gern gelesen hast
Tagesordnung und Logistik

Kleingruppen: eine Zeit, in der man mit Freude etwas lernte
Elefant und Palme
Überraschungstüten-Theater
Diskussion, Auswertung

Sitzung 6
Neues und Gutes
Tagesordnung
Kreissitzen mit Musik
Zusammenhänge herstellen zwischen Affirmation und Kooperation
Persönliche Sammelmappe – Umschlaggestaltung
Mit Herabwürdigungen fertigwerden
Auswertung

Sitzung 7
Tier-Namensschilder
Tagesordnung und Logistik
Diskussion über: *Persönliche Sammelmappe – Umschlaggestaltung*
Berühre Blau!, T-shirts für das Selbstwertgefühl
Brainstorming: *Persönliche Sammelmappe* – die einzelnen Seiten
Freundliches Interview
Auswertung

Sitzung 8
Neues und Gutes
Tagesordnung
Einführung in Kommunikation
Nacherzählen in Kleingruppen: Was bedeutet Kommunikation für Dich?
Zusammenfassung der Nacherzählungen
Diskussion, Auswertung

Sitzung 9
Neues und Gutes
Tagesordnung
Fischbecken: Wie unterbrichst Du Auseinandersetzungen?
Einführung in Konfliktlösung
Diskussion, Singen, Auswertung

Sitzung 10
Neues und Gutes
Tagesordnung
Brainstorming über Konflikursachen
Rollenspiele zur schnellen Entscheidungsfindung
Diskussion, Auswertung

Sitzung 11
Etwas Gutes, das in Deiner Klasse passierte
Lied *My Bonnie* oder ähnliches Lied
Konfliktgeschichten lesen: „Die Brille" von Ezra Jack Keat

Brainstorming für eine Zusammenkunft am Samstag
Diskussion, Auswertung

Sitzung 12
Welches ist Deine Lieblingsfarbe und was bedeutet sie Dir?
Diskussion über Entwicklung der Moral
Bretzel-Spiel
Sketch zur Konfliktlösung
Diskussion, Auswertung

Sitzung 13
Eine Sache, die Dir an dieser Gruppe gefällt
Diskussion: Entwicklung der Moral — Rolle von Lehrer und Lehrerin
Rollenspiel, Diskussion, Auswertung

Sitzung 14
Tagesordnung, *Neues und Gutes*
Ich wünsche mir eine Lösung
Elefant und Palme
Brainstorming-Aktivitäten, die Dir gefallen
Diskussion, Auswertung

Sitzung 15
Gegenseitige Stärkung des Selbstbewußtseins:
Erzähle der Person neben Dir drei Dinge, die Du an Dir selbst magst.
Ein oder zwei weitere Übungen dieses Bereiches
Auswertung, Schlußkreis

Nach dem Kurs

Nach dem Abschluß des Kurses kam die Gruppe noch einmal an einem Samstag-nachmittag zusammen. Es wurden verschiedene längere Übungen durchgeführt, für die während des Kurses keine Zeit geblieben war. Die Klasse beschloß, eine Ständige Studiengruppe zu bilden und monatliche Treffen abzuhalten. Diese fanden reihum bei den Beteiligten zu Hause statt. Sie übernahmen die volle Verantwortung für Planung und Moderation der Treffen. So entstand durch die Studiengruppe ein Raum, in dem die Lehrer und Lehrerinnen das Moderieren in einer sicheren Atmosphäre praktizieren konnten. Auf Wunsch der Beteiligten beschäftigte sich die eine Hälfte der Studiengruppe mit experimentellen Aktivitäten und die andere Hälfte mit Diskussionen. Während einiger Sitzungen wurde über Bücher diskutiert. Diese Studiengruppe wurde zu einem wichtigen Modell zur Unterstützung von Lehrern und Lehrerinnen.

Workshop-Modelle

1. Kooperation A

Thema: Lernen, zu kooperieren

Ziele:
Die Kooperationsfähigkeit der Gruppe soll weiter entwickelt und das Vokabular der Kinder verbessert werden.

Materialien:
Große Bogen Papier, Wachsmalstifte, giftfreie Text-Marker, Klebeband.

Arbeitsplan:
1. *Drei-Fragen-Interview*
2. *Was für ein Laden ist das?*
3. Spielregeln für *Gemeinschaftliches Zeichnen eines Ladens.* Bitten Sie die Kinder, über folgende Fragen nachzudenken:
    * Welche Art Laden willst Du zeichnen?
    * Kann der Laden leicht von einer Gruppe gezeichnet werden?
    * Welche unterschiedlichen Teile hat der Laden?
    * Welchen Teil möchtest Du zeichnen?
4. Lassen Sie Kleingruppen bilden, um Läden zu zeichnen.
5. Lassen Sie die Zeichnungen vorstellen und erläutern.
6. Singen
7. Schlußkreis: Lassen Sie von jedem Kind eine Sache nennen, die ihm an diesen Läden besonders gefällt.

Erläuterungen
Dies ist eine lange Sitzung, die auch für eine Unterrichtseinheit über Läden oder Berufe benutzt werden kann. Es ist leicht, das Pantomimespiel zu erklären, indem es demonstriert wird. Für Kinder, die Schwierigkeiten damit haben, an einen besonderen Laden zu denken, ist es hilfreich, einmal die Runde zu machen, in der verschiedene Läden genannt und evtl. an die Tafel geschrieben werden. Dies gibt den Kindern außerdem Zeit, einen Laden mittels Pantomime darzustellen. Dann wechseln sich die Kinder ab, pantomimisch Läden darzustellen, während der Rest den Laden zu erraten versucht. Dies hilft den Kindern, ihr Vokabular zu erweitern (Gemüseladen, Schreibwarenladen usw.). Vielleicht möchte die Lehrerin den Wortschatz der Kinder erweitern, indem sie fragt, wie die Personen genannt werden, die in diesen Läden arbeiten (Buchhalter, Chef, Juwelier etc.).

Es ist hilfreich, die Fragen und Anweisungen zum besseren Einprägen im Verlauf des workshops an die Tafel zu schreiben. Benutzen Sie ein Beispiel, damit alle in der Klasse wissen, welches ihre Aufgaben in den Kleingruppen sind. Bitten Sie ein Kind, eine Zusammenfassung der Anweisungen vorzutragen. Machen Sie den Kindern klar, daß hierbei der Prozeß selbst (zusammenarbeiten und Spaß dabei haben) von besonderer Bedeutung ist und nicht das Endprodukt.

2. Kooperation B

Thema: Lernen, zu kooperieren

Ziele:
Die Kinder sollen eine erfolgreiche Erfahrung auf dem Gebiet der Zusammenarbeit machen und ihre Fähigkeiten, anderen zuzuhören, verbessern.

Materialien:
Tonbandgerät oder Kassettenrekorder für jede Gruppe.

Arbeitsplan
1. *Singen im Kreis*
2. *Stille Post*
3. Spielregeln für *Geschichten erzählen*.
4. Kleingruppen bilden
5. Lassen Sie die Moderatoren in den Kleingruppen die Anweisungen wiederholen, die Aufnahmegeräte starten und die Kinder mit dem Geschichtenerzählen beginnen. Lassen Sie später die Aufnahmen ablaufen, um herauszufinden, ob die Kinder einander zugehört und zusammengearbeitet haben.
6. Dann Austausch der Kleingruppen mit der ganzen Klasse. Falls genügend Zeit ist, Abspielen aller oder einiger der Aufnahmen.
7. Auswertung
8. Schlußlied

Erläuterungen
Durch die Aufnahmegeräte erhält das *Geschichtenerzählen* eine neue Dimension. Das Abspielen der aufgenommenen Geschichte hilft den Kindern zu erfassen, wie gut sie aufgepaßt haben. Wichtig ist, daß jede Gruppe ein funktionierendes Aufnahmegerät hat. Lassen Sie jedes Kind selbst entscheiden, wann es mit Erzählen aufhören möchte und einem anderen, die Geschichte fortzusetzen.

3. Kommunikation

Thema: Kommunikation

Ziele:
Die Kinder sollen darin unterstützt werden, bessere Zuhörer und Zuhörerinnen zu werden und zu erkennen, wie hilfreich Spiele dabei sind.

Materialien:
Kostümierung für den Hellseher oder die Hellseherin.

Arbeitsplan:
1. *Zeit, zu hören*
2. *Hellsehen*
3. *Anweisungen ausführen*
4. *Stille Post*
5. Singen
6. Auswertung

Erläuterungen

Der workshop ist ein guter Einstieg, an der Fähigkeit des Zuhörens zu arbeiten, weil die Gruppe dabei mit viel Energie versorgt wird, die Sache viel Spaß macht und alle Kinder einbezogen werden. All dies verhilft den Mitgliedern der Gruppe zu einer gesunden Atmosphäre der Zusammenarbeit. Die Übung *Anweisungen ausführen* sollte nur zehn bis fünfzehn Minuten dauern, weil nicht alle Kinder beteiligt sind. Zu Beginn der Übung *Stille Post* kann ein Sketch vorgeführt werden, aus dem ersichtlich wird, wie man *nicht* zuhört. An diesem Beispiel kann diskutiert werden, warum die Menschen nicht aufeinander hören. *Stille Post* soll eigentlich die Originalnachricht erfolgreich durch den ganzen Kreis schicken und am Ende unverändert sein. Kinder lieben dieses Spiel und sind ganz glücklich, wenn sie es richtig hinkriegen. – Singen ist ein anderer Punkt, der an Anfang oder Ende des workshops gesetzt werden kann.

4. Affirmation A

Thema: Förderung des Selbstwertgefühls

Ziele:
Die Kinder sollen ermutigt werden, durch die Gestaltung von T-shirt-Blättern oder richtigen T-shirts zu sich selbst eine positive Einstellung zu erlangen.

Materialien:
Unbeschriftete T-shirt-Blätter und Wachsmalstifte.

Arbeitsplan:
1. Singen
2. *Anwärm-Übungen*
3. Bitten Sie die Kinder, folgendes zu tun:
   a. Schreib Deinen Namen auf das Papier
   b. Male oder zeichne ein Bild von etwas, das Du gern tun würdest, auf das T-shirt.
   c. Schreibe ein Wort auf das T-shirt, das Dich beschreibt oder dazu beiträgt, daß Du Dich gut fühlst (es muß nicht zum Bild passen)
4. In Kleingruppen wird an den T-shirts gearbeitet
5. Die Bilder werden der Klasse gezeigt
6. Auswertung
7. Singen

Erläuterungen:
Es ist hilfreich, den Kindern Liederblätter auszuhändigen, damit sie beim Singen mitkommen. Für die Kinder scheinen die Lieder so auch wichtiger zu werden. Damit die Kinder nicht lange warten müssen, ist es empfehlenswert, die T-shirt-Vorführzeichnung schon vorher fertigzuhaben. Für Kinder, die früher fertig sind als andere, sollten Sie kleine Aktivitäten vorgeplant haben. Die Moderatorinnen der Kleingruppen können, um einen persönlichen Austausch anzuregen, die Kinder fragen, warum sie ihr besonders Symbol und Wort ausgewählt haben.

5. Affirmation B

Thema: Förderung des Selbstwertgefühls

Ziele:
In diesem workshop sollen die Kinder die Umschläge ihrer *Persönlichen Sammelmappe* gestalten, um ein gutes Gefühl für sich und für andere zu entwickeln.

Materialien:
Zwei Bogen geeigneten Materials für den Umschlag, Wachsmalstifte, giftfreie Textmarker, stabiler Locher, extrastarke Flachkopf-Briefklammern.

Arbeitsplan:
1. Singen im Kreis
2. *Brrromm und Quiietsch*
3. *Kreissitzen mit Musik*
4. Erläuterung der Idee, Symbole zu verwenden und Vorführung, wie Umschläge hergestellt und gestaltet werden können.
   Was ist konkret zu tun:
   a. Jedes Kind zeichnet ein Symbol (oder etwas, das mit ihm zu tun hat) oder eine Tätigkeit, die es sehr mag. Es kann auch seine Hand nachzeichnen.
   b. Dann gehen alle Kinder reihum und schreiben etwas nettes auf den Umschlag des jeweiligen Kindes. Auch ihren Namen können sie dazusetzen, müssen es aber nicht.
   c. Vergewissern Sie sich, daß alle Umschläge an der richtigen Seite gelocht werden, damit die Einzelblätter später richtig abgeheftet werden können.
5. Bearbeitung der Sammelmappen-Umschläge
6. Lassen Sie jedes Kind einen der Kommentare über sich selbst vorlesen.
7. Auswertung
8. Singen

Erläuterungen:
Ermutigen Sie die Kinder, sich gegenseitig beim Buchstabieren und Zeichnen zu helfen und Filzschreiber und Wachsmalstifte untereinander auszutauschen. *Sollte* jemand etwas negatives über ein anderes Kind schreiben, weisen Sie klar darauf hin, daß es darum geht, sich gegenseitig zu bestärken. Radieren Sie die entsprechende Bemerkung weg oder lassen Sie das Kind ganz neu beginnen. Achten Sie darauf, daß Kinder, die eine Herabwürdigung erlitten haben, genügend Affirmation zur Festigung ihres Selbstbewußtseins erhalten.

6. Konfliktlösung A

Thema: Menschen zur Konfliktlösung befähigen

Ziel:
Zuerst wird ein Puppenspiel vorgeführt, in dem es zu einem Konflikt kommt. Eine Lösung gibt es dabei nicht. Die Kinder werden gebeten, darüber zu disku-

tieren, wie sie sich bei diesem Konflikt gefühlt haben. Anschließend sollen sie sich ein eigenes Puppenspiel ausdenken und aufführen, in dem Lösungen für den Konflikt gefunden werden.

Materialien:
Puppen und allerlei Utensilien für ein Puppenspiel.

Arbeitsplan:
1. *Neues und Gutes*
2. *Elefant und Palme*
3. Erläuterung eines Konfliktes
4. Kleingruppen bilden, um über Lösungen zu diskutieren
5. Lassen Sie die Kleingruppen sich Puppenspiele mit Lösungen für den Konflikt ausdenken.
6. Lassen Sie die Gruppen die Spiele vorführen.
7. Diskussion über die verschiedenen Ideen, die in den Spielen angeboten wurden.
8. Auswertung

Erläuterungen:
Diese Sitzung läuft besser, wenn die Kinder die Chance haben, über Lösungen zu diskutieren, bevor sie zu den Puppen greifen. Die Ausgangsdiskussion in den Kleingruppen ist sehr wichtig, besonders bei jüngeren Kindern, denn dies ist der Ort, in dem ihre Phantasie angeregt und bereichert wird. So werden sie eher befähigt, konstruktive Lösungen zu entdecken und nicht einfach Kasperletheater zu spielen oder eine sozialisierte Verhaltensweise auszureagieren.

Eine wohlstrukturierte Diskussion gibt es gewöhnlich nach den Puppenspielen nur selten, aber statt dessen einen allgemeinen Austausch über die unterschiedlichen Reaktionen auf die Spiele. Da jedes selbst ausgedachte Puppenspiel eine besondere Originalität und einen gerade ihm innewohnenden Wert besitzt, sollte es möglichst keinen Wettbewerb um die beste Vorführung geben.

7. Konfliktlösung B

Thema: Menschen zur Konfliktlösung befähigen

Ziel:
Es geht darum, Kindern zu helfen, das Gefühl des Ausgeschlossenseins zu verstehen sowie das Gefühl, andere auszuschließen und ihnen die Erfahrung zu vermitteln, selbst Wege zu finden, jedes Individuum in die Gruppe einzubeziehen.

Materialien:
keine

Arbeitsplan:
1. *Brrromm und Quiietsch*
2. *Kauderwelsch*
3. Sketche zu Konflikten und Ausschließen/Ausgeschlossensein
4. Auswertung

Erläuterungen:
Mögliches Szenario für einen solchen Sketch: Zwei Freunde gehen zusammen zum Kino. Jemand geht auf sie zu und es stellt sich heraus, daß dies ein Freund aus alten Zeiten von einem der beiden ist. Der Freund ist nur für eine Stunde in der Stadt und möchte mit dem anderen allein sprechen.

Die Übung *Kauderwelsch* sollte nur in einer Gruppe mit einem sehr starken Gemeinschaftsgefühl durchgeführt werden, in der Kinder sich ohne Angst auf das, was sie dabei empfinden, ausgeschlossen zu sein, einlassen können. Es ist sehr wichtig, daß die Kinder darüber diskutieren, wie es ihnen dabei ging, ausgeschlossen zu sein oder andere auszuschließen. Auf ähnliche Weise sollten die Kinder im Sketch danach gefragt werden, wie sie sich fühlten, ausgeschlossen zu sein oder andere auszuschließen. Dies ist eine sehr intensive Sitzung, die zu tiefem persönlichem Erfahrungsaustausch führen kann.

8. Trainingsworkshop am Wochenende

Ziel:
Den Moderatorinnen und Moderatoren sollen durch möglichst viele Aktivitäten aus den vier Schwerpunktbereichen Erfahrungen ermöglicht werden. (Dieser workshop ist auch das erste Trainingswochenende für workshop-Moderatoren des KUK-Konzeptes.)

Freitag

Einführungsworkshop (19,00 – 21,30 Uhr)
Einführung: Ziele für den Abend und das Wochenendtraining
Tagesordnung und Logistik
Austausch reihum: Name, Wohnort u.ä., Altersgruppe der Kinder, die unterrichtet werden
Hintergrund und Geschichte der Schwerpunkte des KUK-Konzeptes
Namensspiel
Konzept des KUK-Konzeptes
Maschinen bauen
Nacherzählen
Kleine Geschenke verteilen zur gegenseitigen Bestätigung
Gespräche über typische Streitverläufe
Wie reagieren wir auf Konflikte
Schnelle Entscheidungsfindung
Abschluß: *Gewitterregen*

Sonnabend

Frühstück (8,00 Uhr)

Kooperationsworkshop (9,00 – 11,30 Uhr)
Austausch reihum: Name und wie er zustande kam
Tagesordnung
Kooperationskonzepte

Koopera sagt
Gemeinschaftliches Zeichnen
Weitere Aktivitäten zur Förderung der Zusammenarbeit
Konzepte für Problemlösungen
Welche Methoden haben Kinder, um Probleme zu lösen?
Ich wünsche mir eine Lösung für....
Auswertung, Abschlußaktivität

Mittagessen (12,00 Uhr)

Kommunikationsworkshop (14,30 – 17,30 Uhr)
Zusammenkommen, Tagesordnung besprechen
Kommunikationskonzepte
Zuhören / Nicht-Zuhören
Drei Sachen, die sich verändert haben
Aktives Zuhören
„Ich"-Erklärungen
Weitere Kommunikations-Aktivitäten
Sketche
Jede Seite gewinnt – eine gewinnt, die andere verliert – jede Seite verliert.
Auswertung

Abendessen (17,30 Uhr)

Workshop zur Förderung des Selbstwertgefühls (19,00 – 21,30 Uhr)
Runde zu *Neues und Gutes*
Tagesordnung
Pantomime *Eine Sache, die ich mag*
Abgewandelte Pantomimen
Übungen zur Förderung des Selbstwertgefühls: *Persönliche Sammelmappe, T-shirt, Anstecker usw.*
Affirmation: *Freundliches Interview*
Ich mag Dich
Passiv, aggressiv, bestätigend (gehen, sprechen, Rollenspiel)
Puppenspiel, Affirmation und Konfliktlösung
Auswertung, Abschluß

Sonntag

Frühstück (8,00 Uhr)

Workshop zur Konfliktlösung (9,00 – 11,30 Uhr)
Beginn und Runde: *Du kannst immer etwas tun.*
Tagesordnung
Konfliktlösungskonzepte
Rollenspiel *Schnelle Entscheidungsfindung*
Wie ich auf Konflikte reagiere
Konfliktgeschichten lesen
Offener Vorsitz
Der böse Wolf (Rotkäppchen aus der Sicht des Wolfes)

162

Comic-Geschichten selbst machen
Brainstorming über Gewalt in der Sprache
Weitere Übungen über Konfliktlösung
Persönliche Sammelmappe – Umschlaggestaltung
Auswertung, Abschluß

Workshop über Mediation

Ziele:
Aufzeigen von Schritten in der Mediation; Mediation in einem Konflikt praktizieren; Überblick präsentieren, wie Mediatoren und Mediatorinnen ausgewählt
werden, auf welche Weise verschiedene Programme wirken und wie Menschen
für diese Tätigkeiten trainiert werden können.

Arbeitsplan:
Zusammenkommen: Name, Herkunft, Hintergrund
Besprechung der Tagesordnung
Schriftliche Mediation
Schritte in der Mediation
Auswahl von Mediatoren und Mediatorinnen: Drei Modelle
Programmbeispiele und Trainingsmodelle
Auswertung, Abschluß

Head, Shoulders, Knees and Toes

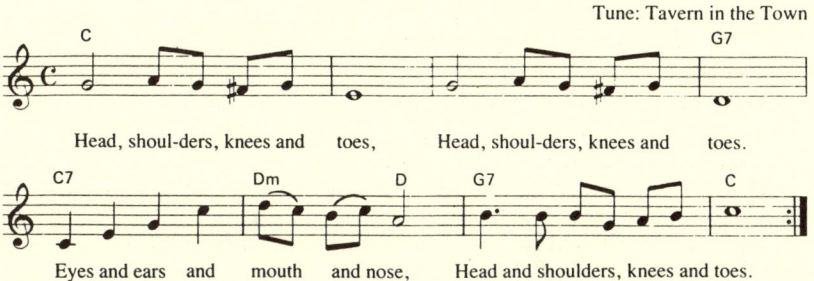

Tune: Tavern in the Town

Head, shoul-ders, knees and toes, Head, shoul-ders, knees and toes.

Eyes and ears and mouth and nose, Head and shoulders, knees and toes.

Kopf, Schulter, Knie und Zeh – Aug und Ohr und Mund und Nase ist ein Muntermacher
aus der amerikanischen Ausgabe. Der Kommentar dazu: „Die Bewegungen bestehen
aus dem Vorzeigen oder Berühren des erwähnten Körperteiles. Das Vergnügen erhöht
sich mit wachsender Schnelligkeit des Liedes, wenn es mehrfach wiederholt wird. Und
der Spaß wächst, wenn mit den Wiederholungen in jeder Zeile ein Körperteil nach dem
anderen weggelassen wird. Nach dem 5. Vers bewegen sich alle nur noch summend
nach der Melodie, ohne laut zu singen." (Siehe hierzu auch das Kapitel auf Seite 164)

Aufbau von Freundschaft im Klassenzimmer

Singen, Atmosphäre in der Klasse und Konfliktlösung

„Wir haben das Singen als eine große Bereicherung für unsere Arbeit mit den Kindern erfahren. Singen für sich allein ist bereits eine ausgezeichnete Aktivität zur Förderung des Gruppengefühls, denn es können alle voll teilnehmen, ohne daß sie musikalisch besonders talentiert sein müssen. Beim gemeinsamen Singen hat jede Person Anteil an der Schaffung eines befriedigenden Ergebnisses, auf das alle gleichermaßen stolz sein können. Singen verhilft außerdem dazu, positive Gefühle füreinander zu schaffen. Nach unseren Erfahrung tendieren positive Gefühle ebenso zur Eskalation wie negative Gefühle. Die logische Folge ist daher, unsere Energie dafür einzusetzen, positive Gefühle aufzubauen. Dies ist dem Lernen viel dienlicher und auf keinen Fall schwieriger, als mit negativen Gefühlen und zornigen Zusammenstößen fertig zu werden."

„Singen kann auch sehr wirkungsvoll sein, wenn es Leute ermutigt, zu lachen oder gemeinsam etwas Humorvolles zu tun. Gelächter reduziert Anspannung, verhilft Leuten zu einem besseren Gefühl über sich selbst und kann in diesem Sinne auch eine Präventivmethode in der Konfliktlösung sein. Wenn Leute über die gleichen Sachen miteinander lachen, vermittelt ihnen das eine Art Zusammengehörigkeitsgefühl. Alle reagieren gemeinsam auf erfreuliche Art und Weise, alle kennen sich mit den Witzchen aus und nichts läuft auf Kosten anderer."

So legt Priscilla Prutzman, Mitautorin dieses Buches, dar, warum das Singen bei der Arbeit mit dem KUK-Konzept – *Konzept für Kreativen Umgang der Kinder mit Konflikten* – für die Gruppenbildung zu einem unschätzbaren und unverzichtbaren Bestandteil wurde. Großes Glück und eine wunderbare Unterstützung hatten die Moderatorinnen des KUK-Konzeptes in den USA insofern, als Priscilla Prutzman, angeregt durch die Arbeit mit dem KUK-Konzept, zusammen mit Evelyn Weiss und Nancy Silber ein Liederbuch besonders für Lehrer und Gruppenleiterinnen erarbeitete, die mit diesem Konzept arbeiten wollten.

Sinn und Zweck des von World Around Songs in Burnsville (NC) herausgegebenen Liederbuches „Children's Songs for a Friendly Planet" laufen parallel zu Sinn und Zweck des KUK-Konzeptes. Einige der Lieder wurden speziell für die Arbeit mit dem KUK-Konzept entwickelt, andere wurden aus traditionellem Liedgut herausgesucht, viele tragen offensichtlich und direkt den Geist der Zusammenarbeit in sich und sind besonders geeignet, ganz unterschiedliche Aspekte des KUK-Konzeptes zu fördern, auch da, wo es sich nur um heitere Nonsens-Songs handelt.

Einige der Lieder waren auch Teil der amerikanischen Ausgabe des *Freundlichen Klassenzimmers,* wurden aber wegen der schwierigen Übertragbarkeit nicht in die deutsche Ausgabe übernommen.

Es wäre eine reizvolle Aufgabe, solche Lieder ins deutsche zu übertragen oder eine ähnliche Sammlung aus hier bekannten Liedern zusammenzustellen, die zu den mit dem KUK-Konzept vorgestellten Aktivitäten und Zielen passen. Wer vertraut mit Liedern ist und z.B. den „Liederkarren" oder die „Liederkiste" noch kennt, wird einen leichten Zugang finden, denn fröhliche Nonsens-Songs gibt es überall, die das *Aufwärmen* erleichtern, gut zu den *Leichten Flotties* passen und ebenso Lieder, durch die man einander kennen und schätzen lernt oder die Selbstwert- und Zusammengehörigkeitsgefühle stärken, zu denen Pantomimen gespielt werden können, die einer angestrengt arbeitenden Gruppe wieder Energie geben oder eine erregte Gruppe zur Ruhe kommen lassen.

Und nun noch eine abschließende Bemerkung zu diesem Themenbereich von Priscilla Prutzman: „Es gibt viele positive Wege, sich bei der Arbeit mit Kindern der Musik zu bedienen und ebensoviele verschiedene Aktivitäten, die mit Musik nichts zu tun haben, aber hilfreich sind bei der Entwicklung weiterer KUK-Ideen. Deshalb an dieser Stelle ein Hoch auf alle guten Ideen."

My Bonnie Lies over the Ocean

Traditional

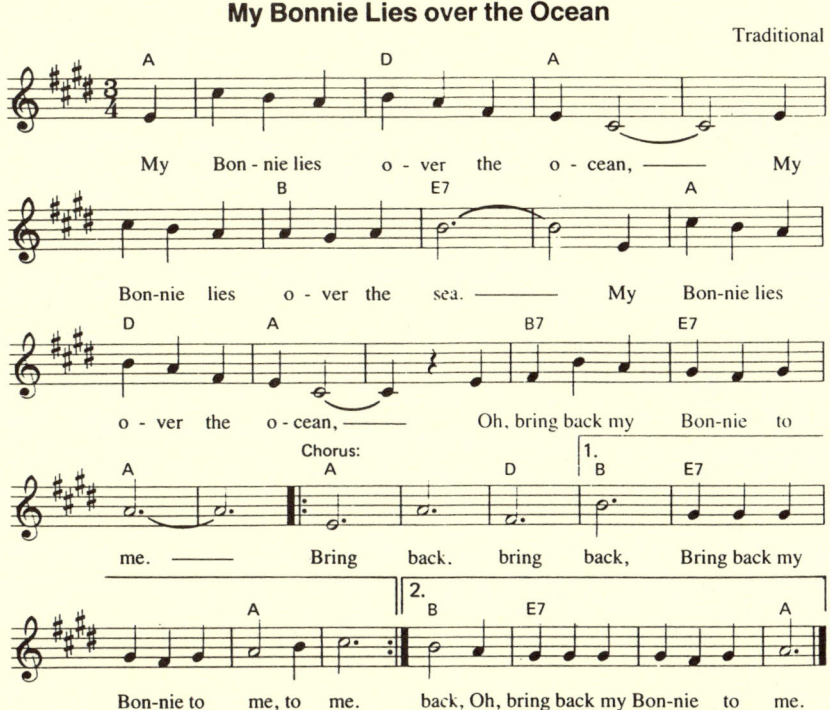

Am vorstehenden Beispiel zeigt sich, wie leicht entsprechende Lieder für solche Übungen gefunden werden können. Die Autorinnen schreiben über die Anwendung: „Haben die Kinder das Lied erstmal gelernt, lassen sich damit flotte Aktivitäten verbinden. Statt nur zu singen, erheben sich alle von ihren Plätzen (oder setzen sich, falls sie standen), sobald ein Wort erklingt, das mit *b* anfängt. Beschleunigt man das Tempo bei weiteren Versen oder Wiederholungen, wird der Spaß an der Sache immer größer."

Konzept für Kreativen Umgang der Kinder mit Konflikten Anwendung einzelner Techniken im Lehrplan	Kapitel	Seite	Auflockerung	Auflockg.& Bewegung	Deutsch, Sprachen	Sozialkunde	Naturkunde	Mathematik	Kunst	Musik	Werken	Theater
Namensspiele mit Gesten		36			*							
Gegenseitiges Vorstellen	6	37			*							
Vorstellung mittels einer Puppe	6	38	*		*						*	
Tier-Namensschilder	6	38	*		*	*	*		*		*	
Drei-Fragen-Interview	6	38			*							*
Aufwärm-Übungen	7	40	*	*								*
Spiegelübung	7	41	*	*								*
Rückpraller-Übung	7	42	*	*								*
Menschlicher Winkelmesser	7	42	*				*	*				
Masken Weitergeben	7	43		*	*							*
Hermann-Hermine	3,7	43	*	*								*
Pantomime mit Gegenständen	7	44	*	*	*	*						*
Berufe darstellen durch Pantomime	7	44	*	*	*	*						*
Was für ein Laden ist das?	7	45	*	*	*	*						*
Herausforderungs-Pantomime	7	45	*	*								*
Geräusche imitieren und weitergeben	7	45										*
Geräusche erraten	7	45					*					*
Kooperatives Zeichnen in Gruppen	8	51	*		*	*			*			
Kooperatives Buchstabieren	8	56		*	*							
Gemeinsames Geschichtenerfinden	9	66			*	*						*
Gemeinsam erarbeitetes Geräuschetonband	8	59					*					*
Dia-show, gemeinsam erstellte	8	59	*				*					*
Gemeinsames Bauen mit Bauklötzen	8	60	*				*					
Gewitterregen	8	60			*	*	*	*				*
Gemeinsames Musizieren	8	61	*							*		
Kreissitzen mit Musik	8	62				*				*		
Telegraphieren	9	65			*	*	*	*				
Fischbecken	9	71			*	*						*
Silhouetten herstellen, ausmalen	10	79	*	*	*				*		*	*
Strümpfe füllen	10	79			*						*	
Etwas Nettes zum Valentinstag	10	80	*	*	*				*		*	
Selbstwert-Glückskuchen	10	81			*							
Bilderspiele	10	81	*	*	*				*			
Wenn mein Fuß reden könnte	10	83			*							*
Selbstwert-Persönliche Sammelmappe	11	85	*	*	*	*	*	*	*			
Musikinstrumente basteln	12	94	*	*						*	*	
Brainstorming (Gedankensturm)	13	102			*							
Konfliktgeschichten lesen	13	104			*				*			
Märchen erfinden	13	104			*							
Zukunftsgalerie	13	105			*							
Comic-Geschichten selber machen	13	105	*	*	*				*			
Selbstgemachte Comic-Bücher	13	106			*				*			
Ich wünsche mir eine Lösung für ...	13	107			*							
Kartenspiel	13	108			*							

Literaturhinweise

Beck, Detlev/Müller, Barbara/Painke, Uwe: *Gewaltfreie Nachbarschaftshilfe. Eine kreative, gemeinschaftliche Antwort auf Rassismus und Gewalt.* Minden 1994.

Besemer, Christoph: *Mediation. Vermittlung von Konflikten.* Heidelberg 1994.

Blum, Heike/Knittel, Gudrun: *Training zum gewaltfreien Eingreifen gegen Rassismus und rechtsextreme Gewalt. Eine Methodensammlung und Diskussionsanregung.* Köln 1995.

Bittl-Drempetic, Karl-Heinz: *Gewaltfrei Handeln. Mit mehr als 200 Übungen und Beispielen für die Trainingsarbeit.* Nürnberg 1993.

Coover, Virginia/Deacon, Ellen/Esser, Charles/Moore, Christopher: *Resource Manual for a Living Revolution. A Handbook of Skills & Tools for Social Change Activists.* Philadelphia 1977.

Dietrich, Martina/Jostes, Monika/Kendon, Robin: *Konstruktive Konfliktlösung in der Schule. Konzeptionsbeschreibung und Dokumentation.* Köln 1996.

Faller, K./Kerntke, W./Wackmann, M.: *Das Streit-Schlichter-Programm. Trainingshandbuch für Mediation und Konfliktmanagement in Schule und Jugendarbeit.* Mühlheim 1996.

Gugel, Günther: *Praxis politischer Bildungsarbeit. Methoden und Arbeitshilfen.* Tübingen 1993.

Gugel, Günther/Jäger, Uli: *Gewalt muß nicht sein. Eine Einführung in friedenspädagogisches Denken und Handeln.* Tübingen 1995.

Hagedorn, Ortrud: *Konfliktlotsen. Lehrer und Schüler lernen die Vermittlung im Konflikt.* Stuttgart 1995.

Jäger, Uli: *Rechtsextremismus und Gewalt. Materialien, Methoden, Arbeitshilfen.* Tübingen 1993.

Lünse, Dieter/Rohwedder, Jörg/Baisch, Volker: *Zivilcourage. Anleitung zum kreativen Umgang mit Konflikten und Gewalt.* Münster 1995.

Jostes, Monika/Weber, Reinhold: *Projektlernen. Handbuch zum Lernen von Veränderungen in Schule, Jugendgruppen und Basisinitiativen.* Lichtenau 1992.

Walker, Jamie: *Gewaltfreier Umgang mit Konflikten in der Grundschule. Grundlagen und didaktisches Konzept. Spiele und Übungen für die Klassen 1-4.* Frankfurt/Main 1995.

Walker, Jamie: *Gewaltfreier Umgang mit Konflikten in der Sekundarstufe I. Spiele und Übungen.* Frankfurt/Main 1995.

Kontaktadressen

Die folgenden Gruppen arbeiten mit dem KUK-Konzept:

Insbesondere die folgenden drei Initiativen sind bewußt mit dem *Konzept für Kreativen Umgang der Kinder mit Konflikten* auf Schulen zugegangen und haben dort gemeinsam mit Pädagogen und Kindern an Konfliktlösungsmöglichkeiten gearbeitet und sind weiter auf diesem Gebiet engagiert:

UMBRUCH – Bildungswerk für gewaltfreie Veränderung –
50733 Köln, Scharnhorststraße 6, Tel. 0221–760 99 14, FAX 765 889

Seit 1993 wird das Projekt „Konstruktive Konfliktlösung in der Schule" – eine Umsetzung der Methoden des „Freundlichen Klassenzimmers" – in vierten, fünften und sechsten Klassen durchgeführt. Eine Dokumentation dieser Erfahrungen ist erhältlich. – Außerdem werden Fortbildungen zu gewaltfreier Konfliktlösung in der Schule, mit Kindern und Jugendlichen sowie Seminare zu diversen Aspekten der gewaltfreien Veränderung angeboten. – Trägerverein ist die unter gleicher Adresse ansässige Fördergemeinschaft Friedensarbeit & Gewaltlosigkeit e.V.

Trainingskollektiv für Gewaltfreie Aktion und kreative Konfliktlösung
c/o Graswurzelwerkstatt
50733 Köln, Scharnhorststr. 6, Tel. 0221–765 842, Fax 765 889

Viele der in dieser als Kollektiv organisierten Gruppe mitwirkenden Trainerinnen und Trainer arbeiten bereits seit 10 - 15 Jahren auf diesem Gebiet. – Angeboten und durchgeführt werden Trainings mit Bürgerinitiativen, Aktionsgruppen, Berufsgruppen (z.B. Sozial-, Jugendarbeit, Lehrerinnen/Lehrer), mit Schul- und Jugendgruppen, für Zivilcourage, kreative Konfliktlösung im Alltag, Mediation, für gewaltfreie Aktion. Vermittlung von Trainerinnen und Trainern für diese Bereiche, auch bundesweit.

Bund für Soziale Verteidigung
32378 Minden, Marienwall 9, Tel. 0571–2 94 56, FAX 2 30 19

Der BSV hat sich ebenfalls seit 1992 dem Thema Gewaltverminderung an Schulen gewidmet, an einer ausgesuchten Schule in diesem Bereich gearbeitet und Fortbildungen für Lehrerinnen und Lehrer sowie für Studentinnen und Studenten der Sozialpädagogik organisiert. 1995 wurde die Kampagne „Wege aus der Gewalt – 1000 Leute lernen gewaltfreies Handeln" ins Leben gerufen, um Allgemeinbildung in Gewaltfreiheit anzubieten. – Der BSV vermittelt ebenfalls Trainerinnen. – Weitere Schwerpunkte: u.a. Ziviler Friedensdienst & Soziale Verteidigung.

168

„Projekt Alternativen zur Gewalt" – Schwerpunkt: Arbeit in Gefängnissen z.Hdn. Bernhard Klinghammer - Freundeskreis PAG - 30952 Ronnenberg, Kaliweg 31, Tel.+ Fax 05109–7695

Über den Beginn des *Alternatives to Violence Projekt* 1975 in einem New Yorker Staatsgefängnis sowie die Arbeit des Freundeskreises *Alternativen zur Gewalt* in Deutschland finden Sie Informationen im Kapitel 18. – Neben der Gefängnisarbeit werden Grund-und Aufbaukurse für Menschen aus allen Lebensbereichen sowie Trainings für Kursleitende angeboten.

Weitere Organisationen und Initiativen,

die Seminare und Trainings anbieten sowie Trainerinnen und Trainer zu allen Bereichen gewaltfreien Handelns vermitteln:

Föderation Gewaltfreier Aktionsgruppen –Graswurzelrevolution
Graswurzelwerkstatt – Kontakt- & Koordinationsstelle für gewaltfreie Aktion
50733 Köln, Scharnhorststr. 6, Tel. 0221-765842

Fränkisches Bildungswerk für Friedensarbeit e.V.
90433 Nürnberg, Hessestr. 4, Tel. 0911-288500

Friedens- und Begegnungsstätte Mutlangen
73557 Mutlangen, Forsstr. 3, Tel. 07171-75661

Kurve, Bildungs- und Begegnungsstätte für gewaltfreie Aktion
29462 Wustrow, Kirchstr. 14, Tel. 05843-507

Offenbacher Modellprojekt zur Gewaltprävention
beim Jugendbildungswerk der Stadt Offenbach – Dr. Wilfried Kerntke
63071 Offenbach/Main, Landgrafenstr. 5

Peace Brigades International (PBI)
22767 Hamburg, Chemnitzer Str. 80, Tel. 040-380 6903
Schwerpunkt: Öffentliche Begleitung gefährdeter Menschen in Kriegs- & Unterdrückungssituationen; Vorbereitung & Training für gewaltfreies Handeln.

Puerto Alegre, Weltladen im MIKADO
z.Hd. Robin Kendon
15230 Frankfurt/Oder, Franz-Mehring-Str. 20, Tel. 0335-530285

TrainerInnen-Netzwerk Berlin für Konfliktbearbeitung und gewaltfreies Handeln
z.Hd. Kerstin Lück – 14197 Berlin, Laubacher Str. 19, Tel. 030-821 2594

Verein Mediation
31595 Steyerberg, Rosenanger 20

Werkstatt für Gewaltfreie Aktion
69117 Heidelberg, Am Karlstor 1, Tel. 06221-161978

Stichwortverzeichnis

Titel von Spielen und Übungen sind kursiv, Seitenzahlen, wo die Punkte schwerpunktmäßig beschrieben werden, sind fett gedruckt.

Graswurzelrevolution
Zeitung für eine gewaltfreie, herrschaftslose Gesellschaft

Graswurzelrevolution erscheint 10 x im Jahr, Jahresabonnement DM 35,-

Sonderhefte der Graswurzelrevolution

Graswurzelrevolution Nr. 117/118
Sozialgeschichte des Antimilitarismus
Keine Frau, keinen Mann, keinen Pfennig für Staat und Krieg!
Die Entwicklung des Antimilitarismus seit Ende des 19.Jhdts.: der revolutionäre Antimilitarismus in der Arbeiterbewegung; die Positionen von Anarchisten, Sozialdemokraten, Marxisten & ihre Kontroversen, die Entwicklung bei den Grünen; die War Resisters' International, Antimilitarismus & Gewalt; die Frage des verantwortlichen Produzierens, die Waffen nieder, die Hämmer nieder, industrielle Dienstverweigerung, Kampfplan gegen Krieg und Kriegsvorbereitung; die Verteidigung der Revolution, die soziale Revolution und die antimilitaristische Taktik, Gewalt & Gewaltlosigkeit im Anarchosyndikalismus, die spanische Tragödie.
75 S., DIN A 4, 1987   6.00

Graswurzelrevolution Nr. 171/172/173
... und nie davon träumt, Zahn oder Messer zu sein – Texte zu Anarchismus und Gewaltlose Revolution heute
Zum 20jährigen Bestehen der Graswurzelrevolution wird die Entwicklung sozialer Bewegungen vom Standpunkt gewaltloser Revolution kritisch beleuchtet. Es werden Entwicklungen von gewaltlosen Gruppen nachgezeichnet, besonders auch in der Frage des Sexismus—Feminismus, die Frage persönlicher Befreiung und politischer Aktion untersucht. Die Bedeutung direkter Aktion wird für den Kampf gegen Rassismus (M.L.King), die Probleme & Entwicklungen in Ökonomie, Ökologie, Nationalismus u.a. behandelt und als Möglichkeit, Realität in unsere durch die Scheinwelt der Mediengesellschaft geprägte Welt zu holen.
90 S., DIN A4, 1992   8.00

Graswurzelrevolution 90/91 –„Anders arbeiten"
Selbstverwaltung und Sozialismus
Chancen & Kriterien der Alternativökonomie, Ausstieg aus dem Industrialismus? Die Bedeutung freiheitlicher Gesellschaftsexperimente, feministische Ansätze der Ökonomie, Revolution & Ökonomie u.a.
102 S., DIN A4, 1985   6.00

Graswurzelrevolution Nr. 208/209
75 Jahre War Resisters' International (WRI) / Internationale der KriegsdienstgegnerInnen
Das Heft gibt einen Überblick über die Geschichte der Internationale der Gewaltfreiheit und ihre Bedeutung für die Entstehung der Graswurzelbewegung in Deutschland. AutorInnen aus vielen Ländern berichten über Aktionen & Aktionsfelder der Gegenwart & Vergangenheit: die WRI & das Balkan Peace Team in Kroatien, Serbien, Bosnien; Menschenrechte in Brasilien; die WRI gegen Apartheid in Südafrika; Friedensarbeit in Zimbabwe; die junge antimilitaristische Bewegung in Türkei/Kurdistan; Gewaltfreies Training in unterschiedlichen Kulturen; Vernetzung in Lateinamerika; Frauenarbeitsgruppe der WRI; neue Aufgaben & Strategien transnationaler antimilitaristischer Arbeit; Männlichkeit als Kriegsursache; KDV & Wehrpflicht, Ökologie & Gewaltfreiheit; Frauen & Entwicklungsstragieen; Übergang zur Demokratie oder gewaltfreie Revolution u.a.
76 S., DIN A4, 1996   7,00

Graswurzelrevolution Nr. 146/147/148
»Wer wählt, hat die eigene Stimme bereits abgegeben« – Zur Kritik der parlamentarischen Demokratie
Nach dem Fall der Mauer scheint die parlamentarische Demokratie ohne Alternative zu sein. Dies Heft behandelt grundsätzliche Defizite dieser Demokratieform, Fehlentwicklungen & Alternativen: Herrschaftsformen der Demokratie; Sozialismus als Staatlichkeit & Parteipolitik; Parlamentarismus & Frauenbewegung, der Staat & sexistische Sexualpolitik, die Grünen im Establishment; Texte gegen Parlamentarismus aus 100 Jahren von Kropotkin, Rocker, Reclus u.a.; tatsächliche und vermeintliche Alternativen zum Parlament—Parteien & Föderalismus, Konsens & Basisdemokratie, Volksbegehren, direkte Demokratie, das Losverfahren, Kommunalpolitik & Kommunalismus.
100 S., DIN A4, 1990   7.00

Graswurzelrevolution Nr. 113/114
Widerstand gegen die Wehrpflicht
Funktion, unterschiedliche Ausprägungen der Wehrpflicht (Militärdienst, Zivildienst, Ökologie, Frauen), Formen des Widerstandes & Perspektiven.
68 S., DIN A4   6.00

Graswurzelrevolution
26123 Oldenburg ★ Karlstr. 14a ★ Tel. (0441) 885 9735 ★ Fax: 81077

UMBRUCH

Bildungswerk für
gewaltfreie Veränderung
Scharnhorststr. 6
50733 Köln
Tel. (0221) 760 9914
Fax (0221) 76 58 89

Bildungswerk für
gewaltfreie Veränderung

Die Bildungsarbeit von UMBRUCH soll zur Auseinandersetzung mit den Grundgedanken von Gewaltfreiheit und gewaltfreiem Handeln, zur Förderung der Friedens- und Konfliktforschung und zur Verständigung der Völker beitragen. Dabei geht es, im Blick auf die soziale und ökonomische Realität, um die Verbreitung und Erweiterung von:

* alltagsbezogener, praktischer Friedensarbeit,
* projektbezogenem, entdeckendem Lernen in verschiedenen gesellschaftlichen Bereichen,
* Experimenten und Erfahrungen mit praktischer Basisdemokratie und Gewaltfreiheit,
* kreativer und gewaltfreier Konfliktaustragung auf individueller und gesellschaftlicher Ebene,
* konstruktiven Alternativen zu bestehenden Lebens-, Ökonomie- und Gesellschaftsentwürfen.

Das Bildungswerk UMBRUCH versteht Bildung und Lernen als einen ganzheitlichen Prozeß, der den ganzen Menschen mit all seinen Sinnen, Erfahrungen, Interessen und Wünschen umfaßt. Inhalt und Form der angebotenen Veranstaltungen werden auf diesen Anspruch ausgerichtet.

UMBRUCH hat Initiativarbeit zur Verbreitung des *Konzeptes für Kreativen Umgang der Kinder mit Konflikten* an Schulen geleistet, wie es im *Freundlichen Klassenzimmer* dargestellt ist. Erfahrungsbericht und Auswertung kann von UMBRUCH angefordert werden.

Das Kurs- und Seminarangebot konzentriert sich auf folgende Schwerpunktbereiche:

1. *Politisches Organisieren:* Politisches Organisieren und Selbstorganisation auf persönlicher und gesellschaftlicher Ebene.
2. *Projektarbeit und kreative Lernmethoden:* kreativitätsfördernde und handlungskompetenzerweiternde Lernmethoden und -konzepte.
3. *Gewaltfreiheit/Gewaltfreie Methoden der Konfliktlösung:* Auseinandersetzung mit Grundgedanken von Gewaltfreiheit und gewaltfreiem Handeln sowie Trainings für konstruktive, gewaltfreie Konfliktaustragung und -lösung und gewaltfreie Aktionen.

Bitte Programm anfordern

Rechtsträger des Bildungswerkes ist die gemeinnützige *Fördergemeinschaft Friedensarbeit & Gewaltlosigkeit e.V.*

UMBRUCH ist eine anerkannte Weiterbildungseinrichtung nach dem Weiterbildungsgesetz NRW